JANET LANSBURY

Nu există copii răi

DESPRE EDUCAREA CU RESPECT A COPIILOR MICI,
FĂRĂ PEDEPSE ŞI RUŞINE

EDUCAȚIE CU BLÂNDEȚE

1

JANET LANSBURY

Nu există copii răi

DESPRE EDUCAREA CU RESPECT A COPIILOR MICI, FĂRĂ PEDEPSE ȘI RUȘINE

Traducere de

OANA-CELIA GHEORGHIU

UNIVERS

Coordonator colecţie Ioana Chicet-Macoveiciuc
Redactor Diana Crupenschi
Tehnoredactare Constantin Niţă

Descrierea CIP a Bibliotecii Naţionale a României
Lansbury, Janet
Nu există copii răi : despre educarea cu respect a copiilor mici, fără pedepse şi ruşine / Janet Lansbury ; trad. de Oana-Celia Gheorghiu. - Bucureşti : Univers Publishing House, 2017
ISBN 978-606-771-091-5

I. Gheorghiu, Oana-Celia (trad.)

159.9

JANET LANSBURY
NO BAD KIDS: TODDLER DISCIPLINE WITHOUT SHAME

EDITURA UNIVERS
www.editurauniverse.ro

ISBN 978-606-771-091-5

Tipar: ARTPRINT
Email:office@artprint.ro

Cuvânt înainte

Când vine vorba despre educarea copiilor, părinţii se confruntă cu un potop de sfaturi ciudate, contradictorii sau pur și simplu imposibil de urmat, oferite de tot felul de experţi. Ar trebui ca părinţii să-l pocnească pe copil, să-l mituiască, să-i promită o răsplată, să-l ignore, să-l pedepsească sau să-l trimită în camera lui? Educarea cu blândețe înseamnă să lași copiii să domine? Ar trebui ca părinţii să folosească ameninţări, distragerea atenţiei, jocuri, grafice, instrumente de măsurare a timpului, să numere până la trei sau să-și perfecţioneze „acea privire"?

Nu-i de mirare că atâţia părinţi sunt confuzi, frustraţi și chiar îngroziți că ar putea greși. Nu-i de mirare că își pierd încrederea în ei înșiși și, adeseori, chiar cumpătul.

Dar nu e deloc atât de complicat.

Spre deosebire de majoritatea specialiştilor celebri din domeniul creșterii și educării copilului, eu am petrecut mulţi ani în săli de clasă, alături de părinţi și copii de vârstă mică, aplicând teoria în practică. Am fost martoră (de o mie de ori) la tipuri de intervenţii şi reacţii care chiar funcţionează, dar şi la altele ce nu funcţionează niciodată ori la cele care ar putea fi eficiente o dată sau de două ori, dar care, în cele din urmă, duc la lupte pentru putere şi mai mari sau subminează încrederea între copii şi părinţii lor.

Copiii mici, în special, sunt predispuşi să încalce limitele. E un lucru normal pe măsură ce ei se dezvoltă, e treaba lor de învăţăcei şi exploratori activi. Testarea limitelor e o expresie naturală a amestecului lor intens de emoţii pe măsură ce se străduiesc să devină mai autonomi. O bună îndrumare le oferă copiilor siguranţa și confortul de care au nevoie ca să se dezvolte frumos. Atunci când limitele funcţionează, copiii nu mai au nevoie să le testeze atât de des. Au încredere în părinţi și în ceilalți adulți care îi au în grijă, adică în lumea lor. Se simt mai liberi și mai calmi și se pot concentra asupra lucrurilor importante: joacă, dezvoltare, socializare și cum să fie fericiţi.

Când stabileşte limite, starea emoţională a părintelui dictează aproape de fiecare dată reacţia copilului. Dacă ne lipsesc claritatea și încrederea în noi înșine, dacă ne pierdem cumpătul sau suntem nesiguri, tensionaţi, epuizaţi sau frustraţi, asta ne va nelinişti copiii și, foarte probabil, va duce la comportamente și mai deranjante. Suntem zei în ochii copiilor noștri, iar sentimentele noastre dau tonul tot timpul. Dacă înţelegem acest lucru, e uşor de văzut de ce problemele legate de educarea copiilor pot deveni un cerc vicios descurajant.

Aşa cum se afirmă încă din titlul acestei cărţi, în lumea mea nu există copii răi, ci nişte persoane mici, impresionabile şi confuze, care se luptă cu emoţiile şi impulsurile lor, încercând să comunice ceea ce simt în singurul mod pe care-l cunosc. Când îi descriem drept *răi* pentru că suntem frustraţi, confuzi sau deranjaţi de comportamentul lor, le facem un mare deserviciu. Este o etichetă negativă, un motiv de ruşine despre care copiii pot ajunge să creadă că e adevărat.

Filosofia mea de *parenting* şi percepţia mea despre copii şi despre relaţia noastră cu ei sunt influenţate de învăţăturile prietenei şi mentorului meu, specialista în creşterea copiilor Magda Gerber. Prin intermediul Magdei şi al organizaţiei înfiinţate de ea, RIE (Resources for Infant Educarers[1]), mi-a devenit mai clar cum trebuia să mă port ca mamă şi mi-am dezvoltat abordarea *eficientă*, satisfăcătoare şi plină de respect asupra creşterii copilului, pe care am împărtăşit-o cu alte câteva milioane de oameni în calitate de profesoară şi scriitoare.

În centrul sistemului de *parenting* RIE stă un concept radical:

---

[1] Resurse pentru educatorii şi persoanele care au în grijă copiii mici (n. tr.).

Bebeluşii sunt persoane complete – conştiente, intuitive şi comunicative. Sunt prin natura lor învăţăcei, exploratori şi oameni de ştiinţă capabili să verifice ipoteze, să rezolve probleme şi să înţeleagă limbajul şi ideile abstracte.

Poate că nu este una dintre teoriile convenţionale de *parenting*, dar descoperiri clinice şi ştiinţifice şi studii de cercetare publicate[1] au confirmat aceste uluitoare abilităţi ale bebeluşilor, pe care Magda Gerber le-a recunoscut cu cincizeci de ani în urmă.

Şi, cu toate acestea, încă ne tratăm adesea bebeluşii şi copiii mici ca şi cum ar fi lipsiţi de expresie, inconştienţi şi incapabili de înţelegere sau comunicare cu noi. Sau, dimpotrivă, s-ar putea să ne aşteptăm de la copiii noştri să fie capabili să se descurce în situaţii specifice adulţilor (cum ar fi cumpărăturile la mall într-o după-amiază) cu un nivel de maturitate şi autocontrol emoţional pe care nu şi l-au dezvoltat încă. Aceste percepţii care nu au nici o legătură cu realitatea îi pot duce pe părinţi într-o direcţie neproductivă, în special când copiii au comportamente nepotrivite.

În cele din urmă, marele secret pentru a avea succes în educarea copiilor este să renunţăm la trucuri, la păcăleli şi la toate celelalte tactici de manipulare şi să fim

---

[1] Gopnik, Alison (iulie 2010). *How Babies Think* [*Cum gândesc bebeluşii*]. *Scientific American*, pp. 76–81.

pur şi simplu sinceri cu bebeluşii şi copiii noştri mici. Acesta este nivelul fundamental de respect pe care îl predă RIE, iar adoptarea lui este eliberatoare.

Această carte reuneşte articolele mele referitoare la comportamentele obişnuite ale copiilor mici şi la felul în care practicile de *parenting* bazate pe respect pot fi aplicate pentru a-i ajuta atât pe părinţi, cât şi pe copii. Cartea acoperă subiecte din viaţa de zi cu zi a familiilor cu copii mici, cum ar fi pedeapsa, cooperarea, limitele, testarea, crizele de nervi, lovitul şi altele.

Mă bucur de privilegiul de a primi de la părinţi un număr mare de mesaje cu întrebări şi îngrijorări legate de educarea copiilor. Aceşti părinţi iubitori şi preocupaţi doresc pur şi simplu să ştie cum să le impună limite corecte copiilor lor şi cum să le câştige cooperarea. Mulţi sunt la capătul răbdării şi sunt disperaţi să capete un răspuns.

Alte mesaje, care reprezintă de obicei cea mai mare bucurie a mea în ziua respectivă, sunt poveşti de succes personal care descriu o problemă în privinţa copilului mic şi modul în care a abordat-o părintele folosindu-se de principiile educării cu respect. Am inclus câteva dintre respectivele mesaje în acest volum, alături de răspunsurile mele, pentru că sunt edificatoare, încurajatoare şi se pot regăsi şi alţii în ele.

Speranţa mea e că această carte va servi drept instrument practic pentru părinţii care anticipează sau deja trec prin acei ani problematici în care copiii mici sunt obligați de etapele dezvoltării lor să testeze limitele răbdării și ale iubirii noastre. Dacă suntem înarmați cu o mai bună cunoaștere și cu o percepție mai clară asupra lumii așa cum o văd ochii copiilor noștri, această perioadă poate oferi nenumărate șanse de a construi legături indestructibile de încredere, respect și dragoste.

1.

Nu există copii răi – despre educarea cu respect a copiilor mici, fără pedepse și rușine

Nu este nimic rușinos la un copilaș care strigă sau e foarte agitat. Iar comportamentul său nu este unul ce trebuie pedepsit. Plânge sau strigă pentru că vrea atenție, țipă pentru că vrea să doarmă sau simte nevoia unor limite mai ferme și mai consecvente. Acest tip de comportament al copilului reprezintă strategia lui de a-și testa independența aflată în proces de dezvoltare rapidă. Copilul simte impulsul copleșitor de a încălca limitele, în același timp dorindu-și cu disperare să știe că este în siguranță.

Nu se pune problema că disciplina nu ar fi necesară la copii. Așa cum spunea Magda Gerber, „lipsa disciplinei nu este bunătate, este neglijență". Cheia pentru o educare sănătoasă și eficientă este atitudinea noastră.

Vârsta mică este perioada ideală pentru perfecționarea unor abilități de *parenting* care vor avea ca rezultat autoritatea sinceră, directă și plină de empatie pe care se vor baza copiii noştri în anii următori. Iată câteva sugestii:

1. Începeţi cu un mediu previzibil şi cu aşteptări realiste. O rutină zilnică previzibilă îi permite bebeluşului să anticipeze ceea ce se aşteaptă de la el. Acesta este începutul educării copilului. Locul ideal în care bebeluşii şi copiii mici ar trebui să-şi petreacă cea mai mare parte a timpului este acasă. Bineînţeles, trebuie să-i luăm uneori cu noi la cumpărături, dar nu ne putem aştepta la cel mai bun comportament din partea unui copil mic la petreceri, lungi după-amiezi la mall sau atunci când zilele lui sunt pline de activităţi programate.

2. Nu vă temeţi şi nu luaţi personal comportamentul inadecvat. Când un copil mic nu respectă regulile la orele mele, părinţii se tem că aş putea crede despre el că este obraznic, agresiv sau prost-crescut. Atunci când părinţii îşi proiectează aceste temeri, copiii vor tinde să le valideze, comportându-se şi mai rău. Mai mult, copiii simt încordarea părinţilor, ceea ce adesea le potenţează comportamentul inadecvat.

În loc să etichetaţi acţiunea unui copil, învăţaţi să o opriţi încă de la început, vorbind pe un ton detaşat. Dacă vă aruncă o minge în faţă, încercaţi să nu vă enervaţi. Copilul nu este rău şi nu face asta pentru că nu v-ar iubi. Vă solicită (în felul lui de copil mic) limitele de care are nevoie, limite pe care, poate, nu le-ați fixat cu fermitate.

3. Răspundeți imediat, cu calm, ca un director general. E nevoie de ceva exercițiu pentru a găsi tonul potrivit în procesul de stabilire a limitelor. În ultimul timp, i-am încurajat pe părinții cărora le e greu să-și păstreze calmul să se imagineze ca directori de companie, iar pe copilul lor să și-l imagineze ca pe un subaltern respectat. Directorul îi îndrumă și îi conduce pe ceilalți eficient și cu încredere. Nu folosește un ton nesigur, întrebător, nu se înfurie și nu își arată emoțiile. Copilul nostru trebuie să simtă că nu suntem neliniștiți din cauza comportamentului său ori nesiguri în privința stabilirii unor reguli. Se simte confortabil atunci când ne manifestăm autoritatea fără efort.

Predicile, reacțiile emoționale, mustrările și pedepsele nu îi oferă copilului mic reprezentarea clară de care are nevoie și pot genera vinovăție sau rușine. Un simplu „Nu ai voie să faci asta; dacă mai arunci mingea o dată, va trebui să ți-o iau" spus pe un ton natural în timp ce blocăm acțiunea cu mâinile este răspunsul cel mai bun. Dar reacționați imediat. Dacă a trecut momentul, e prea târziu. Așteptați-l pe următorul!

4. Vorbiți la persoana întâi. Părinții au adesea obiceiul să se numească pe ei înșiși „mami" și „tati". La vârsta copilăriei mici, ca și mai târziu, trebuie să vorbiți la persoana întâi pentru comunicarea cea mai directă și mai sinceră cu putință. Copiii mici testează limitele pentru a-și clarifica regulile. Dacă eu spun „Mami nu vrea ca Emma să dea în cățel", nu-i ofer copilului meu interacțiunea directă („tu" și „eu") de care are nevoie.

5. Fără pauze cu trimis în camera lui. Mă gândesc mereu la Magda, care întreba cu accentul ei maghiar de bunicuță: „Pauză de la ce? Pauză de la viață?". Magda credea în limbajul direct și sincer în dialogul dintre părinte și copil. Nu credea în trucuri cum ar fi să trimiți un copil în camera lui, în special pentru a-i controla comportamentul sau pentru a-l pedepsi.

Dacă un copil se comportă inadecvat într-o situație publică, el ne semnalează, de obicei, că este obosit, că își pierde controlul și că trebuie să plece. A duce în brațe copilul la mașină pentru a pleca acasă, chiar dacă țipă și dă din picioare, este o metodă de a rezolva problema care îi arată celui mic că îl înțelegem și îl respectăm. Uneori, copilul are accese de furie acasă și trebuie dus în camera lui ca să dea din mâini și din picioare și să plângă în prezența noastră până când își recapătă controlul. Acestea nu sunt pedepse, ci reacții afectuoase.

6. Consecințele. Un copil mic învață cel mai bine cum trebuie să se poarte atunci când simte pe pielea lui consecințele naturale ale comportamentului său, mai degrabă decât în urma unei pedepse lipsite de legătură cu situația respectivă, cum ar fi trimisul în camera lui. Dacă un copil aruncă în toate părțile ce are în farfurie, ora lui de masă s-a terminat. Dacă un copil refuză să se îmbrace, nu vom putea merge în parc astăzi. Aceste reacţii ale părinților sunt percepute de copil ca fiind drepte. E posibil să reacţioneze negativ în continuare în faţa consecinţei, dar nu se va simţi manipulat sau făcut de rușine.

7. Nu pedepsiţi copilul pentru că plânge. Copiii au nevoie de reguli de conduită, dar reacţiile lor emoţionale la limitele impuse de noi (sau la orice altceva) trebuie permise, chiar încurajate. Vârsta copilăriei mici poate fi o perioadă a emoțiilor intense, contradictorii. Copiii pot avea nevoie să-și exprime furia, frustrarea, confuzia, epuizarea și dezamăgirea, mai ales în cazul în care nu primesc ceea ce-și doresc din cauza limitelor impuse de noi. Un copil are nevoie de libertatea de a-și exprima în siguranţă emoțiile fără a fi judecat. Poate avea nevoie de o pernă în care să dea cu pumnul. Oferiți-i una.

8. Iubirea noastră trebuie să fie necondiţionată. A-i retrage unui copil afecțiunea noastră ca formă de disciplinare îi induce acestuia ideea că dragostea și sprijinul nostru pot dispărea imediat din cauza unui efemer comportament inadecvat. Cum poate așa ceva să-i creeze copilului senzația că se află în siguranță?

Articolul lui Alfie Kohn intitulat „When a Parent's «I Love You» Means «Do What I Say»“[1], publicat în *The New York Times,* descrie cât rău poate face genul acesta de *parenting* condiţionat prin care copilul ajunge să fie supărat pe părinţii lui, să-şi piardă încrederea în ei şi să nu-i mai placă. Retragerea afecţiunii părinteşti îl face pe copil să simtă că nu e bun de nimic, să fie copleşit de vinovăţie şi ruşine.

9. Plesnitul – NICIODATĂ! Ceea ce dăunează cel mai mult unei relaţii de încredere sunt palmele date copilului. Obiceiul de a plesni copilul va avea ca rezultat comportamente violente ale acestuia. Un articol din revista *Time* semnat de Alice Park („The Long-Term Effects of Spanking“[2]) prezintă un studiu recent ale cărui concluzii sunt „dovada cea mai clară de până acum că palmele primite îi pot face pe copii să se comporte şi mai nepotrivit pe termen lung. Dintre cei aproape 2 500 de copii studiaţi, cei care au fost plesniţi mai des la vârsta de trei ani reacţionau cel mai agresiv la vârsta de cinci ani“.

Este imposibil să-i provoci intenţionat, dar în acelaşi timp cu dragoste, durere unui copil. Din păcate, în multe familii în care copilul e lovit des, el învaţă să le asocieze pe cele două.

---

[1] *Când un părinte spune „te iubesc“, iar asta înseamnă „Fă cum îţi spun eu“* (n. tr.).

[2] Efectele pe termen lung ale plesnitului (n. tr.).

Să ne iubim copilul nu înseamnă să-l facem fericit în orice moment și să evităm luptele pentru putere. Adesea înseamnă să facem ceea ce ni se pare cel mai dificil: să spunem „Nu“ și să vorbim serios.

Copiii noștri merită răspunsuri directe și sincere din partea noastră ca să poată înțelege binele și răul și ca să poată dezvolta o autodisciplină necesară pentru a-i respecta pe ceilalţi şi pentru a fi respectaţi. Aşa cum scria Magda în *Dear Parent: Caring for Infants with Respect*[1], „obiectivul îl reprezintă disciplina internă, încrederea în sine și bucuria actului cooperării“.

[1] *Dragă părinte. Îngrijirea cu respect a bebelușului* (n. tr.).

2.

Când copilul mic testează limitele

Testarea limitelor îl poate pune în încurcătură chiar și pe cel mai versat adult. De ce aruncă scumpa noastră fetiță cu jucăria în noi când *tocmai* i-am spus să nu o facă, și mai pune și paie pe foc zâmbind cu obrăznicie? E rea? Simte nevoia presantă să arunce lucruri? Poate că ne urăște, pur și simplu...

Sensibili, intens emoţionali și lipsiţi de controlul propriilor impulsuri, copiii mici au adeseori moduri neobișnuite de a-și exprima nevoile și emoţiile. Dacă asta constituie o consolare, nici pentru copilul nostru nu au sens aceste comportamente. Explicaţia simplă constă în nefericita combinaţie între cortexul prefrontal imatur și emoţiile turbulente ale copilăriei mici. Mai simplu spus, copiii sunt copleșiţi cu ușurinţă de impulsuri mai mari și mai puternice decât ei înșiși.

Cu alte cuvinte, fetița din situația descrisă mai sus a înţeles, cel mai probabil, că nu vrei să te lovească pe tine, pe prietenii ei, pe fraţii sau surorile ei ori animalul de companie, să verse apa, să arunce mâncarea pe podea, să se smiorcăie, să ţipe şi să te facă proastă; dar impulsurile fetiţei au fost mai tari decât ea. Şi chiar dacă rânjeşte răutăcios, nu face asta din răutate.

Regula nr. 1. Niciodată, sub nici o formă, nu luaţi personal comportamentul copilului atunci când încalcă o limită.

Copiii noştri ne iubesc, ne apreciază şi au nevoie de noi mai mult decât o vor putea spune vreodată. Amintiţi-vă aceste adevăruri de mai multe ori pe zi până când vi le însuşiţi, pentru că o perspectivă sănătoasă asupra testării limitelor reprezintă un punct de plecare esenţial.

Să-i respectăm pe copii înseamnă să le înţelegem stadiul de dezvoltare, nu să reacţionăm la comportamentul lor ca şi cum ar fi adulţi, la fel ca noi.

Voi descrie mai jos câteva dintre motivele cele mai frecvente pentru care copiii mici testează limitele.

1. S.O.S.! Nu pot funcţiona. Copiii mici par a fi ultimele persoane de pe Pământ care să-şi conştientizeze propria extenuare sau foame. Parcă sunt programaţi să nu ştie când să se oprească şi uneori fizicul preia controlul asupra mentalului, acesta fiind felul copiilor de a trimite mesaje S.O.S. către noi printr-un comportament menit să ne atragă atenția.

Când mă gândesc la situațiile în care copiii mei au avut comportamente de testare a limitelor, exemplele care îmi vin imediat în minte au legătură cu extenuarea.

Eram într-o zi la cursul RIE, când băiețelul meu (care părea mereu O.K. în împrejurări sociale) a început brusc să lovească și să se împingă. *Aha. E obosit și s-a plictisit.* I-am dat de știre că l-am auzit și că vom pleca: „Nu vreau să lovești. Cred că mă anunți că ești obosit și gata să mergi acasă, nu-i așa?".

Dar apoi am intrat într-o discuție cu unul dintre ceilalți părinți și am uitat pentru o clipă și, evident, băiețelul a lovit din nou. Ups! Vina mea în totalitate. „Îmi pare rău, B., ți-am spus că plecăm și apoi am început să stau de vorbă. Mulțumesc că mi-ai amintit că trebuie să mergem."

Apoi a fost vizita la familia mea în care una dintre fiicele mele, pe atunci în vârstă de patru ani, i-a vorbit nepoliticos mamei mele, un lucru neobișnuit pentru ea. Rămasă o clipă cu gura căscată (Cum a putut?), dar hotărâtă să-mi păstrez calmul, am intervenit: „Nu pot să-ți permit să vorbești așa cu bunica... O să plecăm". Am scos-o din cameră țipând (fiica mea era cea care țipa, cu toate că și mie îmi venea să fac la fel). În timp ce o duceam într-un loc unde putea să se liniștească în siguranță în prezența mea, mi-am dat seama brusc ce se întâmpla – făcuserăm un drum de șase sau șapte ore. Evident că era terminată de oboseală și mă anunța asta în felul unui copil de patru ani. Mda. Din nou, vina mea.

Nici nu pot număra momentele în care comportamentul copiilor mei s-a deteriorat pentru că i-a apucat brusc foamea la numai douăzeci de minute după ce li se oferise de mâncare. Iar răspunsul lor inevitabil – „Atunci nu-mi era foame" – părea de fiecare dată atât de nedrept. Dar oare nu totul este drept când vine vorba de dragoste, război și copii mici?

2. Claritate, te rog! Copiii vor testa adesea limitele pur și simplu din cauză că nu au primit un răspuns direct la întrebarea „Ce ai să faci dacă eu fac asta și ailaltă?". Și atunci s-ar putea să aibă nevoie să știe: „Va fi altfel luni după-amiaza? Dar când ești obosită? Sau când sunt eu irascibil? Dacă mă supăr, ai să procedezi altfel?".

Așadar, continuând să testeze limitele, copiii mici nu fac decât ce e normal să facă, adică să învețe despre autoritatea (și dragostea) noastră, să înțeleagă clar așteptările noastre și regulile casei și să priceapă până unde se întinde puterea lor. Treaba noastră este să le răspundem cât mai calm și mai direct cu putință. Evident, reacțiile noastre vor fi diferite de la o situație la alta, dar acestea trebuie să demonstreze clar că nu ne simțim sub nici o formă amenințați de comportamentul lor, că îi facem față și nu e mare lucru, la urma urmei.

3. Pentru ce atâta agitaţie? Când părinţii îşi pierd calmul, ţin predici, dau prea multe indicaţii sau pur şi simplu *vorbesc* prea mult despre comportamentele care testează limitele, pot crea mici drame interesante pe care copiii sunt tentaţi să le pună din nou în scenă. Pedepsele şi reacţiile emoţionale creează poveşti înspăimântătoare, alarmante, generatoare de ruşine sau vinovăţie ori care le combină pe toate acestea.

Atunci când părinţii rostesc mai mult de o frază sau două despre comportamentul nedorit, chiar şi atunci când îşi păstrează calmul, riscă să creeze o poveste despre un copil cu o problemă (poate că îşi îmbrăţişează prea strâns surioara), care îl face apoi pe copil să o identifice ca fiind *propria sa* poveste sau problemă, când, de fapt, a fost doar un comportament impulsiv, de moment, pe care l-a încercat de câteva ori.

Contrar exemplului cu fiica mea care a vorbit nepoliticos cu bunica ei, fapt care mi-a indicat clar că nu era ea însăşi şi că exagera, reacţia mea ar fi mult mai redusă dacă un acces de impoliteţe mi-ar fi adresat mie. În loc să reacţionez şi să risc să creez o poveste în jurul smiorcăitului şi al ţipetelor „Eşti proastă!", „Te urăsc!" şi aşa mai departe, aş descuraja asemenea comportamente nepermiţându-le să mă afecteze.

Poate că aş admite: „Îmi dau seama cât eşti de supărată că plecăm din parc. Eşti tare dezamăgită, înţeleg".

Întotdeauna, întotdeauna, întotdeauna încurajaţi-vă copilul să-şi exprime emoţiile!

Încă o dată, în acest stadiu de dezvoltare este normal pentru copii să ne testeze prin asemenea comportamente, dar dacă reacţionăm nepotrivit, îi putem încuraja pe copii să continue.

Uneori, copiii zâmbesc sau râd atunci când ştiu că pun în scenă din nou o poveste, dar este, de regulă, un zâmbet neliniştit, nesigur, nu unul de fericire.

4. Am lideri capabili? Imaginaţi-vă cât este de derutant să ai doi, trei sau patru ani şi să nu fii sigur că ai un lider capabil. Liderii cei mai eficienţi îşi exercită autoritatea cu încredere, îşi păstrează simţul umorului şi fac ca totul să pară uşor. Este nevoie de exerciţiu, dar nu vă faceţi probleme - copiii noştri ne vor oferi, prin comportamentul lor care testează limitele, numeroase ocazii să învăţăm să procedăm corect. După Magda,

> *„Trebuie să ştii ce este important şi pentru tine, şi pentru copil. Dacă nu formulezi clar regulile, opoziţia copilului va persista, ceea ce te va face pe tine, ca părinte, şi mai furios. Acest fapt, la rândul lui, accentuează conflictul deja existent, ducând la o situaţie nefericită în care se amestecă furia, vinovăţia şi frica. Este dificil pentru un copil să crească alături de părinţi ambivalenţi".*

(Magda Gerber, *Dear Parent: Caring for Infants with Respect*)

5. Simt o emoție puternică. Uneori, când au emoții pe care simt nevoia să le exteriorizeze, copiii vor testa cu insistență limitele. Să avem încredere în acest proces neprețuit și să menținem cu calm și fermitate limitele pentru copilul nostru în timp ce îi validăm emoțiile. Aceasta este modalitatea cea mai rapidă și mai sănătoasă de a potoli această nevoie de încălcare a limitelor (detalii și exemplu în Capitolul 20). Menținerea unei atitudini de tipul „toate emoțiile sunt permise" va opri încă de la început majoritatea comportamentelor care testează limitele.

6. Cel mai sincer compliment la adresa părinților. Copiii sunt sensibili și impresionabili, iar noi suntem modelele lor cele mai influente, așa că ne vor imita comportamentul. De exemplu, dacă smulgem jucăria din mâna fetiței noastre, s-ar putea ca ea să o smulgă din mâna prietenelor ei. Există riscul ca un copil să se comporte mai ciudat când părinții săi sunt supărați sau stresați într-o privință sau alta, în special dacă părinții nu și-au împărtășit deschis aceste sentimente.

7. Comportamentul nedorit al copilului pare cea mai bună cale de a ne atrage atenția în unele perioade. Dacă nu i-am dat suficientă atenție copilului, lipsindu-l de alinare și de senzația că este important pentru noi, sau dacă au existat mici povești și drame captivante create în jurul comportamentului care testează limitele, copilul ar putea ajunge să le repete în căutarea acestei atenţii negative.

8. Mi-ai spus că mă iubeşti în ultimul timp? Atunci când copiii se simt ignoraţi sau lipsiţi de aprobare din partea noastră, se simt neliniştiţi, iar teama transpare în nevoia lor de a testa limitele. Îmbrăţişările, sărutările şi cuvintele „Te iubesc" reconfortante vor ajuta cu siguranţă la repararea acestor punţi, dar mesajele de iubire care contează cel mai mult se fac auzite prin răbdarea noastră, prin empatie, acceptare, autoritate respectuoasă şi interesul sincer de a ne cunoaşte copilul.

Să-i iubeşti pe copiii mici înseamnă să-i cunoşti.

3.

Cum vorbim cu copiii mici

Adesea, copiilor mici li se vorbește de parcă ar fi dintr-o specie diferită. Și când suntem într-o situație dificilă – testarea, schimbările de dispoziție, pierderea controlului (și al nostru, și al lor) – putem într-adevăr să ne simțim pe un teritoriu străin.

Nu vă fie teamă! Copiii sunt doar niște mici oameni prinși în vârtejul emoțiilor lor, care pot deveni instabili destul de ușor din cauza creșterii rapide. Sunt încântați de noile lor abilități și realizări, dar adesea frustrați de tot ceea ce încă nu pot să facă sau să spună.

1. Vorbiți-le normal. Copiii vor să învețe limba *noastră*. Atunci când le vorbiți, nu imitați cuvintele pe care ei le pronunță greșit; rostiți propoziții complete, ca să puteți modela încă de la început limbajul pe care doriți să-l adopte copiii. Pare mai respectuos și mai natural și pentru noi. Putem maximaliza înțelegerea scurtând propozițiile, vorbind mai rar și făcând pauze după fiecare propoziție, pentru a-i da bebelușului sau copilului mic timpul necesar să ne înțeleagă cuvintele.

Ignoraţi sfatul unui expert faimos care vă îndeamnă să vă imitaţi copilul cu maimuţăreli neanderthaliene – ca şi cum a-i vorbi de sus unui copil mic, de parcă ar avea deficienţe mintale, ar fi singurul mod în care ne-ar putea înţelege. Imaginaţi-vă că mergeţi într-o ţară străină, încercaţi să vorbiţi limba şi sunteţi batjocoriţi prin imitarea stângăciilor voastre de exprimare. Sau, dacă aţi discuta cu un străin, oare i-aţi maimuţări încercările de a vorbi în limba ţării voastre? Copiii mici au fost înconjuraţi de limbajul nostru multe luni şi pot înţelege mult mai multe lucruri decât pot exprima.

2. Transformaţi-l pe „Nu" în „Da!" În cadrul unui curs recent cu părinţi şi copii, Kendra m-a întrebat ce să facă atunci când fiica ei vioaie, în vârstă de 19 luni, îi întrerupe conversaţiile cu soţul. A spus că n-are nici un efect când îi spune lui Audrey să nu-i mai întrerupă. I-am sugerat să-i spună: „Audrey, te aud când încerci să ne atragi atenţia. Când tati și cu mine vom termina de vorbit, am să te ascult numai pe tine. Te rog, lasă-ne cinci minute". Și apoi să procedeze exact așa.

Va face acest răspuns minuni de fiecare dată? Probabil că nu. Copiii nu-și pot înfrâna nevoia de a fi în centrul atenţiei noastre atunci când suntem ocupaţi. Dar a-l face pe un copil mic să se simtă auzit în loc de a-i spune tot timpul „Nu" și „Nu mai face așa" respectă nevoia lui de atenţie și probabil îl va determina să fie mai ascultător.

La fel, a-i spune unui copil „Vreau să stai liniştit în poala mea" în loc de „Nu mai sări în poala mea!" pare să reducă nevoia unui copil mic de a testa limitele. Copiii apreciază instrucţiunile pozitive şi par să ignore sau să respingă cuvintele ca „Nu" sau „Nu face". Mai bine să păstraţi aceste cuvinte pentru cazuri de urgenţă.

3. **Opţiuni reale.** A-i da de ales copilului mic, ca de exemplu „Ai să pui jucăria pe raft sau în cutie?", este o altă metodă de a transforma percepţia negativă a copilului (care trebuie să lase deoparte jucăria) într-una pozitivă (i se dă de ales unde să o aşeze). Sau am putea spune: „Văd că încă te joci. Schimbăm scutecul acum sau peste cinci minute?".

Să aleagă între două opţiuni este adesea tot ceea ce vrea copilul mic, atât timp cât întrebarea este una uşoară. „Ce ar trebui să mâncăm la cină?" sau „Cu ce te îmbraci astăzi?" sunt întrebări care pot fi copleşitoare. Aveţi grijă să nu le oferiţi opţiuni false, cum ar fi: „Vrei să mergem la mătuşa Mary?". Vom fi complet în încurcătură atunci când copilul nostru mic ne va răspunde „Nu!".

4. În primul rând, trebuie să validaţi punctul de vedere al copilului. Asta poate face minuni pentru calmarea acestuia fiindcă îi oferă ceva de care are o nevoie disperată: senzaţia că este înţeles. O simplă confirmare a efortului copilului nostru: „Ţi-e greu să te încalţi cu pantofii aceia, chiar te străduieşti" îi poate oferi încurajarea de care are nevoie ca să persevereze, în ciuda frustrării.

Aveţi grijă să nu presupuneţi emoţiile copilului: „Ţi-e frică de câine" sau să nu invalidaţi reacţia acestuia pentru că o consideraţi exagerată: „E doar un căţeluş. N-o să-ţi facă rău". Este mai sigur să afirmăm numai ceea ce ştim cu siguranţă: „Se pare că te simţi deranjat de căţel. Vrei să te iau în braţe?".

Pentru că admitem din start punctul de vedere al copilului, acesta nu va mai fi atât de supărat fiindcă nu obţine ceea ce doreşte. „Vrei să te mai joci afară, dar e timpul să intri în casă. Știu că e greu să intri când nu eşti pregătit." Și oricât de greșit sau de ridicol ni s-ar părea punctul de vedere al copilului nostru, el are nevoie de validarea pe care i-o oferă faptul că îl înţelegem.

Recunoaşterea dorinţelor copilului nostru înseamnă să exprimăm adevăruri pe care mai degrabă le-am ignora, cum ar fi: „Voiai să traversezi strada în fugă. Dar nu te pot lăsa să faci asta". Sau: „Vrei să pleci de la mătuşa Lucy, dar nu este încă momentul".

Este cel mai greu să-i oferim înțelegere unui copil în toiul unui moment dificil, dar singurul lucru care îl potoleşte în timpul unui acces de furie este recunoaşterea punctului său de vedere. „Voiai un cornet de îngheţată și eu am spus nu. E supărător să nu primeşti ceea ce-ţi doreşti."

Atunci când un copil mic se simte înţeles, percepe empatia noastră dincolo de limitele pe care i le stabilim. Tot mai rezistă, ţipă şi se plânge, dar, în cele din urmă, ştie că îi suntem alături, că suntem mereu de partea lui. Aceşti primi ani vor defini relaţia noastră pentru multă vreme de acum înainte.

4.

Educarea copilului mic: o relație directă

Bună, Janet,

Întrebarea mea se referă la fiul meu în vârstă de 13 luni. Este extrem de curios și implicat în lumea din jurul lui. Am încercat întotdeauna să-l încurajăm în direcția aceasta și să-l facem să se simtă în siguranță și sprijinit să experimenteze orice (în limitele siguranței, desigur).

Pe baza experienței mele ca pedagog într-o școală bazată pe principiile de educație ale sistemelor Reggio Emilia și Montessori, încerc să vorbesc cu el despre ceea ce poate face în loc să-i spun ce nu poate face, iar acest lucru presupune să folosesc cât mai puțin, poate chiar deloc, cuvântul „Nu". Încerc, de asemenea, să folosesc un ton egal, neutru, să-i recunosc emoțiile făcând observații în loc de presupuneri pripite (de exemplu: „Pari frustrat. Pot să te ajut cu ceva?") și să utilizez puterea gesturilor blânde.

În ultimul timp, le-am tot auzit pe prietenele mele vorbind despre disciplinare și despre felul în care, la această vârstă, micuţii noştri ne testează. Părerea lor este că noi nu ar trebui să permitem nici un „prost obicei", n-ar trebui să-i lăsăm pe copii să ţipe sau să ridice tonul, să se smiorcăie pentru a obţine ce vor, să facă lucruri pe care nu dorim să le facă. Înţeleg că reacţiile noastre faţă de copii transmit mesaje puternice. Personal, mi se pare că, în comparaţie cu prietenele mele, îi impun fiului meu foarte puţine limite şi restricţii. Atâta timp cât ceva pare sigur din punct de vedere fizic, emoţional şi social, îi permit să experimenteze şi să examineze tot ceea ce-i trezeşte interesul. Sunt mândră că este curios şi dornic să se implice şi să exploreze.

Tu ce părere ai despre educarea copiilor foarte mici?

Mulţumesc,

Dena

Scrisoarea Denei reprezintă o descriere clară a unui moment important atât în dezvoltarea emoţională a copilului ei, cât şi în stabilirea unei relaţii sănătoase şi pline de respect între părinte şi copilul de vârstă mică. Acesta a fost răspunsul meu:

Dragă Dena,

S-ar părea că instinctele, experienţa şi educaţia te-au ajutat să dezvolţi o relaţie extrem de pozitivă cu fiul tău. Este evident că îl adori şi ai tot dreptul să fii mândră de el. Mai mult, îl consideri o persoană capabilă şi îl tratezi ca atare. Toate acestea sunt evidente din felul în care:

a) rămâi calmă și neutră atunci când este frustrat;

b) îi spui ceea ce *are voie* să facă în loc să abuzezi de cuvântul „Nu“;

c) îi recunoști emoțiile și punctele de vedere chiar atunci când sunt în dezacord cu ale tale sau cu o regulă;

d) te ocupi să fie în siguranță în timp ce ai grijă să nu-i descurajezi curiozitatea.

Ești pe drumul cel bun în stabilirea unei relații de încredere și respect care va transforma procesul de educare într-o parte organică, intuitivă, firească a creșterii copilului tău.

Sunt de acord cu prietenele tale în privința faptului că trebuie să le stabilim copiilor mici limite comportamentale, dar diferența o facem prin felul în care fixăm aceste limite și prin reacția noastră la impulsul sănătos al copilului nostru de a le testa. După cum spui și tu, reacțiile noastre transmit mesaje puternice. Fiecare interacțiune pe care o avem cu copilul nostru este o experiență de învățare, și de aceea recomand oricui abordarea respectuoasă, directă, pe care o urmezi tu.

Iată aici ideile și sugestiile mele cu privire la educarea copiilor de vârste foarte mici. Din moment ce ai menționat țipatul, vorbitul pe ton ridicat și smiorcăitul, voi încerca să folosesc aceste comportamente ca exemple.

Și nevoile noastre contează. *Parenting*-ul înseamnă dezvoltarea unei relații cu o altă persoană - copilul nostru. Ca părinți, facem multe sacrificii care merită, dar cel mai bine este să nu renunțăm la orice pentru a-l face fericit pe copilul nostru. Pentru că, în primul rând, asta ne face pe *noi* nefericiți și ranchiunoși, iar în al doilea rând nu-i oferă copilului nostru o atitudine potrivită în privința educației și nici așteptări realiste de la viață.

O abordare onestă, respectuoasă a educării copiilor începe prin a crea o relație de reciprocitate cu ei încă de când sunt foarte mici. Așa cum noi învățăm despre copiii noștri, și ei trebuie să ne cunoască pe noi - ceea ce ne place și nu ne place, lucrurile care ne irită, limitele noastre. Trebuie să ne obișnuim cu ideea că putem fi în dezacord unii cu ceilalți, iar bebelușii și copiii mici își exprimă dezaprobarea prin plânsete și accese de furie.

O altă categorie de plânsete, destul de greu de ascultat uneori, sunt cele presante, de durere, disperare sau foame, pentru care am lăsa deoparte orice ca să le alinăm. Pentru a dezvolta o relație echilibrată, onestă, directă, copiii noștri trebuie să învețe de la o vârstă fragedă că vom face tot ceea ce ne stă în puteri să le oferim tot ce au nevoie, dar că ei nu pot primi mereu ceea ce-și doresc... și că asta e absolut în regulă.

Pentru unii dintre noi, neîmplinirea unei dorințe a copilului ar putea fi motivată de nevoia unui timp personal, câteva momente dimineaţa petrecute pentru a bea o ceaşcă de cafea, a arunca o privire pe un ziar, a merge singuri la baie sau a petrece puţin timp în bucătărie pregătind mâncarea lor sau pe a noastră. După ce îi spunem că nu putem să dăm curs cererii lui, a fi consecvenţi înseamnă a-i permite copilului să-şi exprime emoţiile în timp ce noi rămânem calmi şi i le recunoaştem.

„Eşti supărat că petrec prea mult timp în bucătărie."

„Nu vrei să plec."

„Aud că mă strigi. Am să vin în cinci minute."

„Ştiu că vrei să te caţări pe mine ca să exersezi statul în picioare, dar asta mă deranjează. Am să te ajut să stai din nou jos."

În cazul unui copil de treisprezece luni care se smiorcăie sau ţipă, putem spune: „Faci prea multă gălăgie. Nu te pot înţelege atunci când ţipi (te smiorcăi, etc.). Vrei să te iau în braţe? Nu pot chiar acum, dar am să stau câteva minute cu tine după ce termin de aranjat cumpărăturile".

Unui copil ceva mai mare, mai dezvoltat din punct de vedere al limbajului, i se poate spune: „Te rog vorbeşte pe un ton normal ca să te pot înţelege". Sau: „Mă dor urechile de la urletele tale. Te rog, opreşte-te şi vorbeşte cu mine. Spune-mi ce doreşti".

Astfel, nu ignorăm smiorcăiala sau ţipetele, dar nici nu cedăm în faţa lor. Ne îndrumăm copilul să spună ce dorește cât de clar și de politicos poate el și apoi îl anunțăm ce suntem dispuși și ce putem face.

Așteptări clare. Încă de la început, treaba noastră este să ne exprimăm așteptările cât mai clar și mai consecvent cu putință. Cea mai bună modalitate de a face asta este să le oferim bebelușilor rutină, zile previzibile. Un ritm zilnic îi ajută să mănânce, să doarmă și să se joace mai bine și să simtă că au un oarecare control asupra lumii lor. Odihniți și hrăniți, bebelușii sunt mult mai docili în fața îndrumărilor noastre, mai puțin predispuși să se simtă copleșiți și să se poarte necorespunzător. (Adesea smiorcăiala și țipetele = oboseală, foame sau suprastimulare.)

Comunicare directă, sinceră, la persoana întâi. O metodă bună de a ne aminti să tratăm copilul mic ca pe o persoană este să-i vorbim la persoana întâi. A folosi „Eu“ și „Tu“ în loc de „Mami“ și „Joey“ face minuni în menținerea directă și onestă a comunicării dintre noi. Și este mult mai ușor pentru micuțul nostru să înțeleagă și să răspundă îndrumărilor noastre atunci când îi spunem cu calm: „Nu vreau să mă lovești“ decât când îi spunem „Mami nu vrea să o lovească Joey“ sau „Noi nu lovim“ sau „Noi nu țipăm“ (timp în care copilul se poate gândi: „Ei bine, *eu* o fac!“).

Nu îi spuneţi pur şi simplu „Nu". Copiii noştri ne percep respectul şi învaţă mult mai multe despre noi şi despre aşteptările noastre atunci când folosim cuvântul „Nu" cu măsură şi îl înlocuim cu îndrumări simple şi o scurtă explicaţie. „Te rog să nu loveşti căţelul. Îl doare. Poţi să loveşti animăluţul de pluş"; „Nu pot să te las să pui mâna pe cablul electric. E periculos. Am să te ajut să îi dai drumul". Sau: „Nu vreau să ţipi. Mă dor urechile şi nu pot să te înţeleg. Te rog, spune-mi ce vrei". De asemenea, copiii sunt mai predispuşi să asculte cuvântul „Nu" atunci când îl spunem mai rar.

Îndrumare, nu mici şmecherii. Îndrumarea directă înseamnă să nu apelăm la trucuri, tactici sau pedepse cum ar fi trimisul copilului în camera lui. Pentru a descuraja comportamentul unui copil care țipă, se smiorcăie ori se poartă în alt mod inadecvat, nu trebuie să-i distragem atenția cu altceva și nici să-i retragem afecțiunea noastră. Mai degrabă trebuie să-l întrebăm direct ce dorește să ne comunice și să-i spunem cum am vrea să o facă.

Nu recomand formulări de genul: „înăuntru nu vorbim tare" sau „hai, spune cu cuvintele tale". De ce? *Pentru că nu i-am spune niciodată asemenea lucruri unui adult.* A ne întreba pe noi înșine „Aș trata vreodată astfel un adult?" este o metodă bună de a ne asigura că tratăm copilul cu respect. Pentru că nu i-am mitui sau le-am distrage atenţia celor de vârsta noastră ca să le controlăm comportamentul.

Să tratăm copilul mic ca pe o persoană înseamnă să insistăm ca el să ne ţină de mână atunci când ne plimbăm împreună, în loc să îl ţinem în ham sau să fim nevoiţi să alergăm după el. Înseamnă să-l convingem să se aşeze atunci când mănâncă şi să nu arunce cu mâncarea. Copiii mici sunt cu siguranţă capabili să coopereze, dar trebuie învăţaţi să facă asta printr-un feedback respectuos, corectare şi modelare, şi nu prin păcăleală, manipulare şi coerciţie.

Curiozitatea e grozavă. Nu o descurajaţi. Instinctul nostru ca părinţi este să spunem: „O, nu, nu face asta!" atunci când copilaşul nostru ne surprinde prin faptul că dintr-odată e în stare să ajungă şi să se caţăre pe ceva nepermis. Dar abilităţile copiilor noştri se dezvoltă zilnic şi nu dorim să-i descurajăm. Nu uitaţi să spuneţi: „Uau, poţi să ajungi acolo acum" sau „Ia uite ce frunză ai găsit" înainte de a adăuga: „Dar nu e bine pentru tine să o atingi (sau să o bagi în gură). Am să o iau de aici". Acest lucru îl încurajează pe micuţul nostru să continue să-şi urmeze instinctul sănătos de a explora.

Pentru a gestiona cazurile în care cei mici vocalizează în feluri enervante, atunci când trec prin faze de experimentare vocală, le puteţi spune: „Acum poţi să scoţi croncănitul acela gălăgios. Vai, mă dor urechile!".

Și apoi probabil că o veți lăsa baltă, pentru că, dacă spuneți prea multe sau încercați să-l descurajați pe bebeluș să scoată zgomotele lui entuziaste, s-ar putea să puneți paie pe foc.

Uneori, e nevoie de autodisciplină pentru a ști când să ne temperăm reacțiile și să ne ținem gura.

Sper că-ți va fi de ajutor.

Cu căldură,

Janet

5.

Nevoia de limite a unui copil mic

Când bebeluşii se apropie de vârsta de un an, părinţii încep să se confrunte cu problema stabilirii limitelor. Părinţii îngăduitori le permit copiilor să se cocoaţe pe ei în timpul cursurilor mele cu părinţi şi copii. Copiii caută limite pentru comportamentul lor. Dar mămicile şi tăticii se tem adeseori să spună: „Nu vreau să te urci pe mine. Poţi să stai aşezat lângă mine. Dacă vrei să te caţări, e un spalier acolo".

Cu cât mai repede este în stare persoana care are în grijă un copil să fixeze aceste limite, cu atât mai uşor va fi pentru copil să renunţe la „testare" şi să se întoarcă la joacă. Părinţii se tem uneori că vor strivi spiritul copilului dacă sunt fermi şi consecvenţi în privinţa regulilor. De fapt, este exact invers. Un copil nu se simte liber dacă graniţele nu sunt clar delimitate.

Pedagogul Janet Gonzales-Mena a folosit următoarea analogie pentru a descrie nevoia de limite a unui copil: să ne imaginăm că trecem cu maşina peste un pod pe timp de noapte. Dacă podul nu are balustrade, vom conduce încet şi cu teamă. Dar dacă vedem balustradele de o parte şi de alta, putem conduce pe pod cu încredere şi uşurinţă. Aşa se simte un copil mic în privinţa limitelor din mediul său înconjurător.

În căutarea „balustradelor" de care are nevoie ca să se simtă în siguranţă, copilul va continua să testeze adultul care are grijă de el până când limitele vor fi stabilite cu claritate. Lupta pentru putere este o parte necesară a dezvoltării sinelui unui copil; cu toate acestea, trebuie ca în final micuțul să știe că adultul are ultimul cuvânt. De obicei, copiii nu recunosc asta, dar nu-şi doresc să fie atotputernici, iar posibilitatea de a deveni astfel poate fi într-adevăr înfricoșătoare. Copiii crescuţi fără limite ferme şi consecvente sunt nesiguri şi plictisiţi de viaţă. Încărcaţi cu prea multe decizii de luat şi prea multă putere, ratează libertatea plină de voioşie pe care o merită fiecare copil.

La cursurile de *parenting* RIE nu e ceva neobişnuit ca un copil mic să aibă comportamente nedorite, lovind, împingând sau aruncând cu obiecte în părinţi sau în alt copil. Când apare această problemă, încurajez părintele, dacă poate anticipa lovitura, să ridice o mână ca să blocheze agresivitatea copilului și să-i spună ferm, dar pe un ton normal: „Nu-ţi dau voie să lovești". Sau, imediat după ce a lovit, părintele poate pur și simplu să spună: „Nu vreau să loveşti".

Dacă părintele dă semne de furie, devine agitat sau spune prea mult, riscă să transforme comportamentul nedorit al copilului în ceva important. De exemplu, dacă un părinte începe să țină predici: „Nu e frumos să lovești! Loviturile îi dor pe oameni! În familia noastră nu se lovește!“, părintele poate pune paie pe foc dând prea multă atenție acțiunii copilului și, fără să vrea, poate determina copilul să-și dorească să o repete.

La cealaltă extremă, dacă un părinte răspunde cu „O, nu! Te rog să nu mă lovești, bine?“ sau „Noi nu dăm în prietenii noștri, nu-i așa?“, copilul nu are parte de autoritatea clară de care are nevoie. Și atunci va continua să testeze limitele pentru a-l determina pe părinte să preia conducerea.

Când copiii au un comportament nedorit, mi-i imaginez ținând în mâini stegulețe roșii pe care scrie: „Ajutor!“, „Oprește-mă!“, „Ține-mă în frâu!“ sau „Ocupă-te de mine!“.

Un părinte trebuie să ofere un răspuns clar, formulat cu calm și convingere.

Dacă un copil care își semnalează nevoia de limite nu este tratat cu consecvență și eficiență, s-ar putea să ajungă să fluture steaguri roșii mai mari. Am văzut eu însămi un astfel de steag uriaș cu ani în urmă, când mă plimbam cu fiica mea în vârstă de trei ani pe lângă un loc de joacă dintr-un parc. Un băiat care părea să aibă patru sau cinci ani a ocolit în fugă tot perimetrul ca să se apropie de ea și a lovit-o în piept. Ea nu a plâns, dar eram amândouă încremenite.

În alte circumstanţe, aş fi fost încântată de ce a urmat. Un actor frumos şi celebru în genul lui James Bond s-a grăbit să vină spre mine. Era tatăl băiatului. Încremenit de ruşine şi incapabil să mă privească în ochi, bărbatul a murmurat o scuză grăbită şi şi-a luat copilul de acolo.

În timp ce toţi părinţii trebuie să înveţe şi să se adapteze ca să înţeleagă cum este cel mai bine să îndrumi comportamentul unui copil, absenţa unei asemenea îndrumări poate avea consecinţe grave pe termen lung. Dacă asemenea chestiuni sunt lăsate la voia întâmplării, un copil poate ajunge în cele din urmă să experimenteze comportamente distructive, provocând durere altora sau sieşi, ca un apel subconştient la intervenţia părinţilor. Întotdeauna este cel mai sigur să ne ocupăm în mod eficient de limite în stadiul cel mai timpuriu cu putinţă.

La început avem de-a face cu bebeluşul nostru adorabil ca un îngeraş. Suntem şocaţi atunci când dă primele semne de agresivitate. Majoritatea copiilor mici se comportă nepotrivit la un moment dat, dar părinţii nu trebuie să se îngrijoreze că prin asta ar dovedi răutate! De fapt, copiii se poartă adesea necorespunzător ca să semnaleze că sunt obosiţi şi că trebuie să meargă acasă.

Comportamentul unui copil mic lasă de dorit şi atunci când acasă s-a eşuat dramatic în privinţa stabilirii clare a limitelor. Uneori, copilul mic are de-a face cu adulţi sau copii mai mari care nu-i respectă limitele – îl înşfacă şi îl gâdilă, de exemplu, lipsindu-l de sentimentul unui spaţiu în care este în siguranţă. Când un copil mic este astfel copleşit şi asaltat, începe să fie confuz în privinţa limitelor fizice cu alte persoane. Dacă părinţii sau copiii mai mari simt nevoia să se joace astfel cu bebeluşul, ar trebui să aştepte până când acesta creşte suficient de mult încât să fie un partener mai puternic.

Uneori, un copil mic se poartă deodată necorespunzător în timpul cursului pentru că există spaţii goale în „balustradele" lui de acasă. Povestea lui Henry demonstrează cu uşurinţă că, pe măsură ce copilul devine tot mai independent, nevoia lui de limite clar conturate este tot mai mare.

Henry este un copilaş de douăzeci de luni, fermecător şi sociabil, care îi salută pe părinţi când intră în clasă şi le întinde jucării copiilor care par supăraţi. Însă, într-o zi, Henry a intrat în clasă şi a început să lovească pe toată lumea. Mama lui Henry, Wendy, era foarte îngrijorată. Am întrebat-o pe Wendy dacă a intervenit vreo schimbare acasă, iar ea a spus că devenea frustrată ori de câte ori trebuia ca Henry să fie instalat în scaunul lui auto. Îi permitea lui Henry să se aşeze singur când voia el s-o facă, aşteptând în timp ce copilul se juca în maşină. Wendy a spus că în cele din urmă îşi pierdea răbdarea şi, după ce îi spunea copilului ce urma să facă, îl aşeza la locul lui. Nu îi venea să creadă că Henry plângea oricum, chiar după ce ea încercase să-l trateze cu respect, acordându-i atât de mult timp să se așeze singur la locul lui!

Wendy confunda o situație de tranziție, un moment în care Henry avea nevoie să simtă că mama lui deținea controlul, cu timpul de joacă, un timp în care este cel mai bine să-i permiți copilului să decidă ceea ce se va întâmpla. Am sfătuit-o pe Wendy să-i ofere lui Henry opțiunea de a se urca singur pe scaun, dar, dacă nu o va face imediat, să-l așeze ea pe scaun, chiar dacă plânge. Wendy mi-a trimis un bilețel cu mulțumiri câteva zile mai târziu. Când Wendy i-a dat clar de înțeles lui Henry că nu el decidea când să se așeze pe scaun, nevoia lui de a-i semnala acest lucru mamei sale s-a domolit. Henry a încetat să mai lovească.

Dovada cea mai evidentă a dorinței unui copil de a simți controlul parental am descoperit-o prin intermediul unei prietene de-ale mele, care avea același gen de probleme când trebuia ca fetița ei să se așeze în scaunul auto. Holly era o mămică nesigură, o persoană care evita să fixeze limite. Holly mi-a spus că îi era imposibil să o așeze pe fiica ei de trei ani, Eliza, în scaunul auto. Eliza țipa și refuza să coopereze. I-am recomandat lui Holly să-i spună: „Știu că nu vrei, dar trebuie să stai în scaun" și apoi să o așeze pe Eliza în scaun cu toată blândețea și calmul de care este în stare. Holly mi-a povestit că, atunci când o așezase cu fermitate pe

Eliza în scaun, aceasta țipase și dăduse din picioare. Apoi, în timp ce Holly pornea mașina, complet demoralizată, Eliza a spus încet: „Asta voiam să faci".

Copiii nu se simt nefericiți atunci când adulții de care au o nevoie disperată stabilesc limite comportamentale. Este mai ușor pentru un părinte să-i facă pe plac copilului decât să fie ferm și consecvent, iar copilul știe acest lucru. Un copil poate să țipe, să plângă sau chiar să aibă un acces de furie atunci când părintele stabilește limitele. Totuși, în adâncul inimii lor, copiii simt când părintele se străduiește din toate puterile să le ofere un cuib sigur și dragoste adevărată.

6.

Cheia cooperării

Să fredonăm pe melodia „My Favourite Things“ din Mary Poppins:

Wiping wet noses and nails that need clipping
Changing soiled diapers and medicine sipping
Sitting in a car seat, injections that sting
These are a few of my favourite things...[1]

Nici un copil nu a spus *vreodată* așa ceva. Și, din moment ce copiii tind să respingă aceste activități, părinții tind să fie îngroziți de ele. Așa că, în graba noastră de a termina treaba, ne zorim bebelușii când le schimbăm scutecele și ne repezim la năsucurile lor care curg. Le distragem atenția copiilor ca să-i facem să ia medicamente și ca să-i ținem nemișcați când trebuie să facă injecții. Încercăm să le tăiem unghiile și să-i tundem când nu sunt atenți, poate chiar în somn.

---

[1] Aproximativ: ștersul la nas și unghii de tăiat, schimbatul scutecelor și luatul medicamentelor, statul în scaunul auto, injecțiile care dor, acestea sunt câteva dintre lucrurile mele preferate (n. tr.).

Culmea e că aceste tactici ajung să *creeze* neplăcere şi să sporească rezistenţa pe care speram să o evităm. Copiii noştri învaţă rapid să fugă mâncând pământul ori de câte ori ne apropiem de ei cu un şerveţel.

Dar există un secret simplu care alină chinul acestor sarcini şi chiar le poate transforma în momente plăcute de cooperare şi conectare.

Secretul pentru a ne asigura cooperarea copiilor noştri este acelaşi ca pentru toate aspectele unui *parenting* reuşit: respectul.

Nou-născuţii, bebeluşii, copiii de vârstă mică şi preşcolarii – copiii de toate vârstele – vor să fie implicaţi, incluşi şi invitaţi să participe, în loc să *li se facă* lucruri. Cine îi poate învinovăţi? Iată câteva modalităţi-cheie de a oferi respect:

1. Transformaţi activitatea într-o rutină familiară şi/sau anunţaţi-o din timp. Viaţa poate părea copleşitoare pentru copiii mici. Cu cât ştiu mai mult din ce se întâmplă, cu atât mai probabil este să privească activitatea în mod pozitiv şi să fie capabili să se ridice la înălţimea ocaziei.

Îi informăm pe copii în două feluri: a) dezvoltând rutine zilnice previzibile astfel încât ei să ştie la ce se pot aştepta; şi b) vorbindu-le cu sinceritate din timp despre ceea ce o să se întâmple (la cabinetul medical, de exemplu).

„Predictibilitatea este formatoare de obiceiuri. Dezvoltarea unor obiceiuri face să fie mai simplu să trăiești în limitele unor reguli. Având în vedere faptul că micuții nu înțeleg motivele din spatele regulilor pe care trebuie să le respecte, este mai bine dacă aceste reguli devin pur și simplu obișnuințe. Sunt lucruri pe care nu avem nevoie sau nu dorim să le reexaminăm de fiecare dată când le facem, cum ar fi spălatul pe dinți."

(Magda Gerber, *Dear Parent: Caring for Infants with Respect*)

2. Nu întrerupeți copilul. Respectați jocul copilului și celelalte activități pe care le-a ales. Nu-l întrerupeți dacă nu este absolut necesar. Realizăm adesea că nasul care curge sau scutecul plin pot aștepta până când termină copilul sau măcar până când s-a bucurat de mai mult timp. Din nou, pregătiți copilul: „În câteva minute va fi timpul să te schimbi în pijama, să te speli pe dinți și să-ți alegi o carte".

„Dacă un copil are destule prilejuri de a se juca independent, fără a fi întrerupt, va fi probabil mai dispus să coopereze satisfăcând cerințele părintelui."

(Magda Gerber)

3. Comunicați chiar și cu bebelușii cei mai mici. Copiii sunt persoane în toată puterea cuvântului încă de la naștere, iar noi le încurajăm participarea și cooperarea la îndeplinirea unor sarcini atunci când le vorbim sincer şi direct: „Trebuie să te şterg la nas cu şerveţelul. Te rog, ţine capul nemişcat o clipă".

4. Oferiţi-i autonomie. Lăsaţi copilul să se şteargă singur la nas sau măcar să încerce. Ce aveţi de pierdut? S-ar putea să vă uimească talentul la şters nasul al bebeluşului vostru. Copiii simt că au mai multă autonomie atunci când le dăm de ales: „Vrei să iei medicamentul acum sau după masă?", „Ce unghiuţă vrei să tăiem prima?".

Dar aveţi mare grijă la opţiunile false. E mai politicos şi respectuos să-i întrebăm pe copii: „Pot să-ţi dau acum medicamentul?", dar numai în cazul în care toate opţiunile sunt acceptabile din punctul nostru de vedere.

5. Încetiniţi totul. Încetiniţi mişcările, cuvintele, lăsaţi să treacă mai mult timp între ele. Cu cât este mai mic copilul, cu atât va avea nevoie de mai mult timp ca să ne înţeleagă cuvintele.

„Îi putem întări copilului percepţia despre sine ca persoană care ia decizii lăsând să treacă suficient timp după formularea unei cereri, astfel încât copilul să poată decide singur dacă să coopereze sau nu."

(Magda Gerber)

6. Nu faceţi mai multe lucruri odată. Copiii au nevoie de toată atenţia noastră în timpul acestor activităţi în cooperare. Fiţi atenţi, conectaţi-vă şi încurajaţi copilul să facă la fel.

7. Recunoaşteţi. Dacă abordăm situaţia cu respect, iar copilul nostru continuă să opună rezistenţă sau să obiecteze, validaţi-i reacţia şi punctul de vedere: „Întorci capul. Nu vrei să-ţi şterg nasul cu şerveţelul. Am să aştept puţin ca să fii pregătit".

Când, în ciuda atitudinii noastre pline de respect, copiii refuză să coopereze şi trebuie să le ştergem nasul în cele din urmă, este mai mult decât important să le remarcăm dezaprobarea sau furia: „Nu ţi-a plăcut asta. Te-a deranjat".

8. Oferiţi mulţumiri. Mulţumiţi-le copiilor pentru ajutor în loc să le oferiţi lauda fără conţinut „Bravo!". Recunoaşteţi-le realizările şi progresele: „Acum eşti capabil să te speli singur pe dinţi".

Chelsea mi-a trimis un bilet prin care îmi împărtăşea cum a încheiat o „luptă cu lingura" cu fiul ei în vârstă de zece luni comunicând cu el în mod respectuos, încetinind ritmul şi oferindu-i autonomie.

...De fiecare dată când încercam să-i dau bebeluşului nostru mâncarea pasată, întindea mâna după lingură şi o apuca atât de strâns încât i se albeau încheieturile

degetelor. Mă enervam foarte tare și încercam să îi iau cu forța lingura din mână. Ora mesei devenise din ce în ce mai agasantă. M-am gândit că singura soluție ar fi să-i ofer mai multe gustări care pot fi mâncate cu mâna, dar erau momente în care trebuia să-i dau mâncare pasată.

În urmă cu aproape o lună am avut o revelație și mi-am dat seama că abordam complet greșit chestiunea. I-am cerut lingura. Nu mi-a dat-o, dar a lăsat-o din mână în cele din urmă. L-am întrebat dacă e pentru mine. S-a uitat fix la mine. Am întins mâna după ea și i-am explicat că am să o umplu cu mâncare și am să i-o dau înapoi.

De-a lungul următoarelor câteva mese, am început să ne pricepem la a ne da unul altuia lingura. Acum îmi dă lingura – fără nici o problemă! Și nu doar lingura – acum îi place să-mi dea orice, pietre, jucării, orice ar fi.

Ora de masă s-a schimbat cu totul și simt că băiețelului meu chiar îi face plăcere să dea altora lucruri atunci când vrea el. Îți mulțumesc pentru că ți-ai petrecut atâta timp scriind despre parenting. *M-a ajutat atât de mult ca părinte.*

7.

Cinci motive să renunțați la distragerea atenției (și ce să faceți în schimb)

Distragerea atenţiei este o tactică populară de „redirecţionare“ atunci când avem de-a face cu comportamente nedorite din partea unui bebeluş sau a unui copil mic. Este de înţeles atracţia faţă de această tactică pentru că este vorba despre reorientarea copilului către o altă activitate în loc de confruntarea directă cu o problemă. Ne ajută să evităm rezistenţa copilului nostru, care poate presupune furie, lacrimi sau o criză în toată puterea cuvântului (toţi suntem dornici să evităm aceste lucruri, în special în public).

Aparent, distragerea atenţiei adesea funcţionează – cel puţin pe moment – şi desigur că îi permite lui mami, lui tati sau persoanei care are în grijă copilul să rămână „de treabă“. Cui nu-i place să fie de treabă? În loc să spună „Nu te pot lăsa să desenezi pe canapea. Uite nişte hârtie dacă vrei să desenezi“ (sau, şi mai bine, să nu lase de la început copilul mic nesupravegheat cu carioci la îndemână), unui adult i se pare mai simplu și mai puțin riscant să schimbe subiectul cu entuziasm: „Poți să-mi desenezi o fetișoară haioasă pe foaia asta de hârtie?".

Așadar, părintele își poate salva la țanc canapeaua, dar copilul habar nu are că *nu* este în regulă să deseneze pe ea și ar putea foarte bine să încerce din nou. Ei, își spune părintele, măcar nu s-a lăsat cu lacrimi și eu am rămas de treabă!

Și chiar aici apare prima dintre cele câteva probleme pe care le am cu distragerea atenției:

1. Falsitatea. Nu-mi place să mă prefac voioasă și binedispusă când sunt, practic, un pic enervată. În afara faptului că mă face să mă simt extrem de prefăcută, nu cred că reprezintă un model bun și că e ceva sănătos pentru relația cu copiii mei. Oricât ar fi de incomod să înfrunți gălăgia (sau cariocile pe canapea), cred că un copil merită și *are nevoie* de un răspuns onest. Nu, nu ar trebui să reacționăm cu furie dacă avem cum să ne stăpânim, dar nici nu trebuie să ne prefacem sau să fim neautentici. Nu e nevoie decât să ne păstrăm calmul și să corectăm simplu, oferind și o alternativă reală (cum ar fi: „Poți să desenezi pe hârtie sau să-ți găsești altceva de făcut").

Da, copilul se poate supăra – are dreptul la păreri contrarii și la propriile sentimente. E bine ca el să-și verse supărarea și ca noi să recunoaștem asta: „Tu chiar îţi doreai să desenezi pe canapea şi eu nu am vrut să-ţi dau voie". Copiii sunt capabili să treacă prin asemenea conflicte potrivite vârstei. Ceea ce mă aduce la a doua obiecţie în privinţa distragerii atenţiei...

2. Se pierd oportunităţi de a învăţa de pe urma conflictului. Copiii noştri au nevoie să exerseze cum să facă faţă conflictelor cu noi şi cu cei de aceeaşi vârstă cu ei. Când bebeluşul sau copilul nostru mic se luptă cu un alt copil pentru o jucărie şi noi sugerăm imediat: „Vai, dar uite aici jucăria asta atât de grozavă...", îl lipsim de oportunitatea preţioasă de a învăţa cum să se descurce singur în situaţii conflictuale.

Să ne îndrumăm copilul spre o altă jucărie identică, dacă aceasta există, poate fi de ajutor în cazul în care copiii par să fie într-adevăr în impas. Dar chiar şi atunci, bebeluşul sau copilul mic o va vrea, de obicei, pe cea care îl atrage irezistibil tocmai pentru că e în mâna altui copil. Adesea, copiii sunt mult mai interesaţi de înțelegerea luptei decât de jucăria respectivă. Dar, oricare le-ar fi ținta, copiii mici au nevoie de timp şi de încrederea noastră în ei ca să înveţe să rezolve conflictele în loc să le evite.

3. Absenţa îndrumării. Ce învaţă un copil atunci când îl îndemnăm să deseneze o fetişoară haioasă în loc să-i spunem că nu-i putem da voie să deseneze pe canapea? Bebeluşii şi copiii mici au nevoie de noi pentru a-i ajuta să înţeleagă regulile casei şi să ajungă în cele din urmă să-şi însuşească aşteptările şi valorile noastre. Distragerea atenţiei anulează posibilitatea unui moment educativ.

4. **Subestimează şi descurajează atenţia şi conştientizarea.** Distragerea atenţiei unui copil înseamnă a-i cere să schimbe rapid placa şi să uite ce s-a întâmplat. Este de încurajat această lipsă de conştientizare? Un articol pe care l-am citit de curând (publicat de o editură universitară) sugerează: „Din moment ce durata atenţiei unui copil este atât de scurtă, distragerea atenţiei este adeseori eficientă".

Chiar dacă aş fi de acord cu ideea că atenţia copiilor este limitată – şi nu sunt –, distragerea atenţiei lor de la ceea ce fac este o modalitate sigură de a le-o face şi mai limitată. Iar copiii care nu sunt obişnuiţi să le fie distrasă atenţia nu se lasă păcăliţi. Nu pot fi linguşiţi sau ademeniţi să nu deseneze pe canapea (din păcate). Încurajaţi să fie complet prezenţi şi conştienţi, au nevoie de un răspuns sau de un ordin direct.

Uneori poate fi mai greu să avem de-a face cu un copil atent (de pildă, când nu-l putem păcăli cu o mişcare rapidă – „Ups, a dispărut telefonul mobil. Uite aici o morişcă simpatică în loc"), dar conştientizarea şi atenţia sunt esenţiale pentru învăţare şi îi vor folosi de-a lungul vieţii.

5. Respectul. Distragerea atenţiei este un tertip care subestimează inteligenţa copilului mic – abilitatea lui de a învăţa şi de a înţelege. Copiii mici merită acelaşi respect pe care l-am acorda unui adult, şi nu practici cum sunt cele descrise în fragmentul de mai jos, preluat de pe un website de *parenting* al copiilor de această vârstă:

> ***Distrageţi atenţia copiilor şi îndrumaţi-i să facă altceva.*** *Cea mai bună formă de educare a copiilor de vârstă mică este redirecţionarea. Mai întâi, trebuie să le distrageţi atenţia de la intenţia lor iniţială şi apoi să-i îndrumaţi repede spre o alternativă mai sigură. Daţi-le altceva de făcut (de exemplu, să vă ajute la treburile casnice) şi în curând se vor distra mai bine decât investind o cantitate mare de energie emoţională în planul iniţial.*

Nu înţeleg deloc cum ar putea fi distragerea atenţiei considerată o metodă de educare. Lucru şi mai important – aţi distrage atenţia unui adult în toiul unui dezacord şi l-aţi trimite să spele podelele? Atunci, de ce aţi trata un copil ca pe o fiinţă lipsită de inteligenţă? Cred că putem avea încredere în copiii noştri să aleagă unde să-şi investească energia emoţională. Numai ei ştiu la ce se gândesc şi ce anume îşi imaginează.

Iată câteva reacţii alternative care nu doar că funcţionează, dar sunt respectuoase şi autentice.

Mai întâi, respirăm. Ne oprim și observăm... în afară de cazul în care o cariocă ia contact cu canapeaua noastră sau un pumn ia contact cu capul prietenului copilului nostru mic. Dacă se întâmplă asta, apucăm cât mai repede și cu blândețe mâinile sau cariocile. Abia apoi respirăm.

Rămânem calmi, empatici, dar fermi. În cazul unui conflict între copii de aceeași vârstă, descrieți situația cu obiectivitate, fără a atribui cuiva vinovăția. Magda Gerber numea asta *transmisiune sportivă*: „Jake și John încearcă amândoi să ia camionul. E greu când vreți amândoi să folosiți același lucru... Chiar e greu..." Permiteți lupta, dar nu-i lăsați pe copii să se rănească unul pe celălalt. „Văd că ești frustrat, dar nu-ți pot permite să lovești."

Recunoaștem emoțiile și punctele de vedere. Când s-a terminat, remarcați: „Jake are acum camionul. John, l-ai vrut și tu. Ești supărat". Fiți complet disponibili să răspundeți cu o alinare dacă asta dorește copilul.

După reacția noastră la un comportament cum ar fi încercarea de a desena pe canapea și după ce i-am permis copilului să plângă, să se certe sau să depășească momentul așa cum dorește, oferindu-i în același timp empatie și alinare, îi putem valida punctul de vedere: „Te-ai gândit că ar fi mai frumoasă canapeaua dacă ai desena pe ea. Eu ți-am spus nu și nu ți-a plăcut asta".

Recunoaștem realizările și încurajăm curiozitatea. Folosirea distragerii atenției reflectă tendința noastră naturală de a pune capăt imediat comportamentului nedorit al unui copil. Și, în graba noastră, e ușor să uităm să recunoaștem și să încurajăm aspectele pozitive ale situației, cum ar fi inventivitatea, reușita, curiozitatea. Atunci când situația *nu este* urgentă, ne putem opri o clipă ca să remarcăm: „Uau, ai reușit să ajungi până pe blatul de lucru și mi-ai luat ochelarii de soare!".

Apoi îi putem permite copilului să studieze ochelarii de soare în timp ce îi ținem în mână. Dacă încearcă să ni-i ia din mână, îi putem spune: „Poți să te uiți la ei și să-i atingi, dar n-am să-ți dau voie să-i iei". Apoi, dacă asta se transformă într-o luptă, am putea spune, în cele din urmă: „Chiar vrei neapărat să-i ții în mână și nu pot să-ți dau voie. Am să-i ascund în birou".

Abordarea deschisă a acestor situații, cu răbdare, empatie și sinceritate, înfruntând lacrimile unui copil și acceptând statutul temporar de „personaj negativ", reprezintă calea către o relație de iubire, încredere și respect. Mă credeți sau nu, asta înseamnă *cu adevărat* timp de calitate.

8.

De ce nu ne urmează copiii indicațiile

Părinţii mă întreabă adesea: „De ce nu mă ascultă copiii mei?“ Ceea ce vor *de fapt* să spună este: „De ce nu-mi urmează indicaţiile?“

Copiii sunt gata să asculte, pregătiţi încă de la naştere să înceapă să ne decodeze cuvintele şi să ne intuiască mesajele nerostite. Sunt individualităţi unice care dezvoltă rapid idei, opinii şi voinţe proprii. Bebeluşii şi copiii mici înţeleg adesea exact ce dorim, dar aleg să facă invers.

Aşadar, de ce nu vor copiii noştri să facă exact ce le spunem? Iată aici câteva dintre motivele cele mai des întâlnite.

1. Deconectarea. Copiii se pot simţi deconectaţi de părinţi dintr-o mulţime de motive. Poate că i-am pedepsit sau am fost manipulatori (uneori chiar fără să ne dăm seama), în loc să fim îndrumătorii respectuoşi, binevoitori de care au nevoie copiii noştri ca să poată învăţa ce aşteptări avem de la ei.

S-ar putea să fi făcut greşeala foarte răspândită de a lua personal comportamentul de rezistenţă specific vârstei al copilului nostru. Cum poate copilul pentru care facem totul şi pentru care am renunţat, practic, la vieţile noastre să nu ne asculte sau să ne dezamăgească în mod intenţionat (să-şi lovească frăţiorul mai mic, de exemplu) când i-am spus de sute de ori să nu facă asta? Nu ne iubeşte?

Copiii adesea îşi repetă purtările rebele, de rezistenţă pentru că nu simt dragostea noastră. Se simt neînțeleși. Tacticile noastre de control al comportamentului (aplicate cel mai adesea cu o doză de furie sau frustrare) îi pot face pe copiii noştri să se simtă inconfortabil, confuzi, sau chiar să se teamă, iar acest lucru se manifestă în comportamentul lor din ce în ce mai ciudat.

Aceste purtări impulsive tind să continue şi să se repete până când înțelegem mesajul intens pe care ni-l transmit copiii noştri: *Fii un lider blând pentru mine şi ajută-mă să mă simt din nou în siguranţă.*

2. Cuvintele nu sunt de ajuns. Părinţii sunt adeseori şocaţi când drăgălaşa lor fetiţă de unsprezece luni îi loveşte peste faţă şi apoi zâmbeşte şi îi loveşte din nou după ce i-au spus: „Au! Noi nu lovim!“ sau „Mă doare!“. Fetiţa asta a devenit rea dintr-odată sau a încetat să ne iubească? se întreabă părinţii. Bineînţeles că nu. Exprimă pur şi simplu ceva ce nu poate verbaliza, iar acesta este un moment crucial pentru a demonstra că ştim să facem faţă unor asemenea comportamente şi că suntem lângă ea.

Îi arătăm asta ţinând-o cu calm de mânuţele agitate în timp ce o asigurăm: „Nu ai voie să mă loveşti. Mă doare". Iar dacă micuţa este în braţe şi continuă să dea din mâini spre noi, am putea adăuga: „Văd că nu poţi să te abţii să nu mă loveşti, aşa că am să te las jos".

Apoi, poate, după ce am pus jos fetiţa, aceasta începe să plângă. După ce am făcut ce era necesar ca să nu ne mai lovească, am putea să vedem lucrurile mai clar: „Aha, Josie nu a dormit bine azi-noapte şi chiar dacă e prea devreme pentru ora ei obişnuită de somn, este epuizată. Asta voia să-mi comunice, şi nu e de mirare că nu încetează să lovească".

Imediat ce am înţeles că pentru majoritatea copiilor mici nu sunt de ajuns cuvintele noastre (şi cât le este de dificil să-şi înţeleagă şi să-şi exprime nevoile), vedem cât e de ridicol să luăm personal refuzul lor de a ne urma indicaţiile verbale. Este treaba noastră să formulăm clar aşteptările, continuând cu acţiuni ferme, dar blânde.

3. Lipsa noastră de consecvenţă îi creează copilului vinovăţie. Uneori, când părinţii consideră că vorbele ar trebui să fie de ajuns sau când sunt reticenţi din alt motiv să meargă mai departe cu stabilirea limitelor, încearcă să-și convingă micuțul să facă ceva (sau să nu mai facă un anumit lucru) apelând la compasiunea lui. De exemplu, o mamă îi spune fetiței ei că „o întristează" când nu vrea să facă ordine la locul de joacă; sau mama devine vulnerabilă și începe să plângă ori de câte ori au loc lupte pentru putere (care se întâmplă, de obicei, numai atunci când părinții ezită să preia conducerea stabilind limite clare).

Asemenea răspunsuri nu numai că sunt ineficiente, dar pot să-i facă pe copii să se simtă vinovați și le pot da senzația unei responsabilități nesănătoase, inconfortabile, pentru sentimentele vulnerabile ale celorlalți.

4. Suntem neconvingători sau mult prea entuziaști

„Dacă un părinte nu crede în validitatea unei anumite reguli sau se teme că nu va fi respectată de către copil, există riscul ca acesta să nu o urmeze."

(Magda Gerber)

Modul în care oferim indicații este decisiv pentru felul în care ele vor fi urmate sau nu de copil. Unii părinți au nevoie de ajutor pentru a-și perfecționa comunicarea plină de încredere, pe un ton natural, amintindu-și să pună punct (și nu o întrebare cum ar fi „bine?") la finalul propozițiilor lor.

Părinţii mai pot avea nevoie să-şi perfecţioneze ceea ce eu numesc „mersul detaşat". Ar trebui să meargă normal în loc să ţâşnească, în timp ce strigă „Nu!", spre bebeluşul gata să atingă mâncarea căţelului sau în loc să se repeadă pe urmele copilului mic care aleargă când a venit vremea să părăsească parcul pentru a merge acasă (urgenţele precum alergatul în stradă, în mijlocul traficului, sunt altă poveste, desigur). E drept că dacă alergi, în loc să mergi calm, plin de încredere, ai putea economisi câteva secunde, însă graba ta poate să producă numeroase repetări ale comportamentului nedorit, care a devenit acum un joc incitant.

Tot astfel, „răspunsurile detaşate" sunt utile atunci când copilul se smiorcăie, ţipă sau încearcă înjurătura nouă auzită la grădiniţă. E mult mai probabil să uite acel cuvânt şi să înceteze cu smiorcăitul sau cu ţipatul dacă descurajăm comportamentul ignorându-l (ceea ce nu înseamnă că ne ignorăm în mod intenţionat copilul) sau dacă îi dăm o indicaţie detaşată, pe un ton normal, cum ar fi: „E un pic cam tare" sau „E un cuvânt urât. Te rog să nu-l mai foloseşti".

5. Dăm prea multe ordine. Nimănui nu-i place să i se poruncească, şi asta e valabil mai ales când e vorba de copiii mici (sau de adolescenţi). Oricând este posibil, daţi-le copiilor (inclusiv bebeluşilor) opţiuni şi autonomie. Copiii îşi doresc să fie participanţi activi la viaţa lor, încă de la început. Includeţi-i pe copiii mici în luarea deciziilor şi rugaţi-i să vă ajute să rezolvaţi unele situaţii.

Dacă reuşim să păstrăm un echilibru între instrucţiuni şi suficiente momente de libertate în care copiii pot lua decizii, ei vor deveni mai dispuşi să ne asculte atunci când îi îndrumăm. Este util să nu uităm să recunoaştem întotdeauna punctul de vedere al copilului nostru, să îi spunem, de pildă: „Ne-am distrat nemaipomenit afară şi înţeleg de ce nu vrei să intrăm în casă, dar trebuie".

6. Copilul nostru are ceva mai bun de făcut. Uneori, faptul că nu ne urmează indicaţiile este un aspect pozitiv, pentru că reflectă instinctul sănătos, minunat al copilului nostru de a învăţa aşa cum învaţă cel mai bine copiii – prin joc, explorare şi urmându-şi vocea interioară.

Fiica mea are doi ani şi jumătate şi când mergem la activităţi (grupuri de joacă structurate, activităţi cu mama şi copilul mic) nu urmează instrucţiunile (sau le urmează foarte rar). Poate că o face până la un punct, dar, în general, este o neastâmpărată, se rostogoleşte, aleargă şi dansează în cercuri în sala cea mare şi deschisă în timp ce toţi ceilalţi copii stau liniştiţi lângă mamele lor... Ar trebui să-mi fac griji în această privință sau să o las să exploreze în voie (e iarnă, așa că spațiul deschis pentru alergare e o adevărată bucurie) ori să încerc să o fac să asculte de doamna care se străduiește să lucreze cu copiii?

Lenore

Hm... Copilul ar trebui să asculte de doamna sau să se rostogolească, să alerge și să danseze? Grea alegere...

9.

Alegeri pe care nu le pot face copiii

Respectul este vital în *parenting*, dar cuvântul ne poate deruta, mai ales când vrem să stabilim limite unui copil mic.

Copiii au nevoie de numeroase ocazii să fie autonomi și să li se respecte opțiunile. În același timp, au nevoie să știe că nu ei au ultimul cuvânt, iar noi le arătăm asta printr-o autoritate plină de încredere, hotărâtă și blândă. Poate fi dificil să ne dăm seama cum să echilibrăm aceste nevoi aflate în aparentă opoziție. Cum știm când ar trebui să aleagă copiii noștri și când au nevoie *de noi* să facem asta pentru ei?

Dacă micuții noștri ne-ar putea spune când le dăm prea multă libertate și îi facem să se simtă inconfortabil de puternici, probabil că n-ar face-o... nu verbal, cel puțin. Dar aceste senzații de disconfort se exprimă de obicei prin comportamentul copiilor noștri mici, pe măsură ce opun mai multă rezistență, se smiorcăie mai mult, sunt mai distrași sau se agață mai tare de noi ori continuă să ne testeze până când le oferim ajutorul de care au nevoie. Adică până când facem noi alegerea în locul lor.

Poate părea paradoxal (şi nedrept!) că a-i da copilului posibilitatea să aleagă îl poate face să testeze şi mai mult limitele, dar aşa stau lucrurile. Copiii de doi ani nu sunt răi, ci chinuiţi de emoţii contradictorii. Oricât de mult ar părea că-şi doresc să preia conducerea, realitatea este că puterea îi înspăimântă şi le poate submina grav senzaţia de siguranţă.

Cele mai multe alegeri pe care nu le pot face cu uşurinţă copiii mici au legătură cu tranziţiile. Este firesc. Copiii de vârstă mică sunt deja în toiul unei tranziţii masive. Cresc şi se schimbă într-un ritm ameţitor. Chiar şi tranziţiile cele mai nesemnificative înseamnă renunţarea la echilibrul temporar pe care au reuşit să-l obţină şi eforturi pentru găsirea siguranţei într-o situaţie nouă.

Când le dăm copiilor mici şansa de a face mai mult decât o alegere simplă în perioadele de tranziţie, e ca şi cum i-am invita să opună rezistenţă. Iată un exemplu.

Copilaşul tău de doi ani a fost invitat la o petrecere şi deodată, în chip misterios, se opreşte când vă apropiaţi de uşa gazdei. „Nu vreau!", se smiorcăie el.

Rămâi interzisă sau poate că ai început deja să te aştepţi la genul acesta de comportament. Îţi spui în gând: *„Ei, care-i graba? Până la urmă, suntem aici doar ca băieţelul meu să se simtă bine. Nu vreau să fie supărat"*.

Aşa că aştepţi cu copilul în timp ce el se plimbă prin curtea din faţa casei. Aştepţi, aştepţi şi iar aştepţi ca micuţul tău să-ţi spună că e pregătit. Cu siguranţă nu vrei să intri în casa prietenei tale ţinând în braţe un copil care urlă. Şi ar trebui să fie alegerea lui, nu-i aşa?

Dar, pentru că eşti o fiinţă umană, îţi pierzi răbdarea şi te enervezi (ceea ce este, de obicei, un semn că trebuie să fixezi o limită). Încerci să-l ademeneşti cu descrieri încântătoare ale baloanelor, ale jocurilor şi ale tortului delicios, lucruri pe care ştii că le adoră. Şi totuşi, refuză. Ce-i de făcut acum?

a) Să continui să aştepţi, să încerci să-l ademeneşti şi să-ţi ieşi şi mai tare din pepeni?

b) Să-l iei de acolo şi să te întorci acasă?

c) Să-l anunţi că e momentul să intraţi, să-l duci înăuntru în braţe şi să rişti o posibilă reacţie explozivă a copilului?

d) Să-i dai opţiunea de a intra acum sau peste trei minute (sau eventual opţiunea de a merge pe jos sau de a fi dus în braţe), continuând apoi cu varianta c)?

După cum s-ar putea să fi ghicit, recomand d). Odată înăuntru, i-aş permite copilului să aleagă să stea în poala mea atât timp cât doreşte sau să ia parte la petrecere şi aş fi pregătită să repet varianta d) când vine momentul plecării (ce bucurie!).

Atunci când emanăm calm, copiii noştri îşi descarcă de obicei rapid supărarea şi se simt liberi să meargă mai departe. Ceea ce îmi amintește de o regulă empirică de *parenting*: frica de a ne supăra, dezamăgi sau înfuria copiii ne va afecta negativ judecata. La fel, cele mai mici reticențe de a stabili limitele.

Părinţii despre care ştiu că au cele mai mari dificultăţi să acţioneze cu hotărâre (chiar şi atunci când înţeleg logic câtă nevoie au copiii lor de asta) sunt blânzi, sensibili și se identifică uneori prea mult cu emoțiile copiilor lor.

Magda îi previne pe părinți: „*Ambivalenţa unui părinte, sentimentele de vinovăţie și zonele de confuzie în privinţa rolului său vor fi înregistrate și folosite uluitor de repede de copiii mici. Ei par să aibă un al șaselea simţ în această privinţă. Orice ambivalenţă din partea unui părinte va produce o reacţie enervantă din partea copilului*".

Asta ne dorim pentru copiii noștri? Evident că nu. Copiii noștri se vor opune cu regularitate planurilor noastre, vor exploda și vor face crize în prezența noastră. *Aceasta* este libertatea pe care o doresc cel mai mult. Așadar, treaba noastră este să fim lideri fermi, care pot rămâne calmi și empatici în fața furtunilor provocate de copilul nostru, fără să șovăim, să ne înfuriem sau să ne înduioșăm ori să-i luăm personal emoțiile.

> „*Este mai ușor să spui «Da, bine, fă cum vrei». Dar ce realizezi cu asta?*" (Magda Gerber)

Iată alte câteva situații în care cred că e nevoie să respingem cu blândețe și hotărâre alegerile făcute de copiii noștri și să mergem până la capăt.

1. Atunci când se rănesc pe ei sau pe alții – o situație evidentă. Uneori le putem oferi copiilor alternativa de a lovi cu pumnul sau cu piciorul în ceva moale, de a bate din picior sau de a face altceva care i-ar ajuta să-și exteriorizeze emoțiile în siguranță. Recunoașteți-le întotdeauna emoțiile, oricât de exagerat de dramatice sau nepotrivite vi s-ar părea acestea.

2. Încăpățânarea de a lua în mod repetat jucăriile altora este de obicei un semn că micuțul cere ajutor în privința limitelor și că trebuie oprit cu blândețe.

3. Scaunele auto pentru copii sunt o sursă obișnuită de probleme pentru părinți. Nu cred că micuții se simt confortabil să li se dea de ales când (sau dacă) să se așeze în scaunul auto. Ce *pot* alege este dacă să se așeze singuri sau să primească ajutor.

4. Alegerea hainelor trebuie să fie privilegiul copilului, în limitele rezonabilului. Dar nu cred că trebuie să le permitem copiilor să iasă din casă în haine incomode, prea sumare sau nepotrivite. Din punctul meu de vedere, aceasta este neglijență, nu respect.

5. Să ne despărțim de copil atunci când suntem nevoiți să plecăm trebuie să fie ceva nenegociabil. Din nou, validați întotdeauna emoțiile copilului, dați-i asigurări că vă întoarceți și apoi separați-vă cu calm și convingere. Este o tortură pentru un copil să stea în incertitudine, încercând să ne mai rețină puțin acolo în timp ce noi ezităm.

Când copiii noștri nu primesc limitele clare, consecvente de care au nevoie într-o privință sau alta, senzația lor generală de confort și securitate poate fi diminuată, ceea ce îi face adesea să testeze limitele și în alte privințe.

Nu este niciodată ușor să navigăm prin acest echilibru fragil între libertate și limite (mai ales pentru părinții dornici să fie mereu personajul pozitiv), dar aceste nesfârșite decizii dificile pe care le luăm zi de zi cu copiii noștri mici sunt o dovadă clară a iubirii noastre. În adâncul sufletului lor, copiii noștri știu acest lucru... și știu și câtă nevoie au de ea.

10.
Puterea lui „Nu“

Bună, Janet,

Mă aflu într-un oarecare impas privind felul în care ar trebui să procedez cu fiul meu. Are doi ani și două luni și a început de curând să spună „Nu“ la toate rugămințile mele, indiferent despre ce e vorba.

Soțul meu și cu mine încercăm din răsputeri să ne formulăm pozitiv răspunsurile, evitând cât mai mult posibil să spunem „Nu“. În loc de „Nu mai arunca mâncarea“ îi spunem „Te rog să lași mâncarea în farfurie“. Așa că nu suntem foarte siguri care e sursa rezistenței lui. Sper că ai vreun sfat pentru mine.

Un exemplu este momentul în care trebuie să se îmbrace în pijama pentru culcare. Acum durează peste o jumătate de oră, pentru că refuză pur și simplu să-și pună pijamaua. Încerc din răsputeri să nu-l forțez și să-i dau cât mai multe ocazii să o facă singur, dar nu are nici un efect. Nu face crize de nervi, doar îmi spune „Nu“ pe un ton destul de nepăsător și apoi își vede de treaba lui. Mă trezesc stând acolo în impas, neștiind ce să fac.

Îți mulțumesc încă o dată pentru înțelepciunea ta,

Kate

Dragă Kate,

M-ai făcut să zâmbesc. „Nu“ este exact ceea ce băiețelul tău trebuie să spună în acest moment al vieţii lui. Este un cuvânt puternic, cheia către autonomia lui în curs de dezvoltare. Își revendică independența. Nu lăsa asta să te irite câtuşi de puţin. De fapt, întâmpină-i opinia diferită şi validează-i-o. Asta îşi doreşte el. Doar că nu trebuie să cedezi.

Aşa că atunci când îţi spune „Nu, nu vreau să-mi pun pijamaua“, păstrează-ţi calmul. „O, înţeleg. Nu vrei pijamaua. Cu ce-ai vrea să te îmbraci în pat?“ Sau poate „Cu care din aceste (două) pijamale vrei să te îmbraci?“. Sau: „Am auzit că nu vrei să-ţi pui pijamaua. Absolut de înţeles. Dar nu vom mai avea timp de citit dacă nu te îmbraci cu ea în următoarele cinci minute“. Sau: „Vrei să te îmbraci acum sau peste cinci minute?“.

Cheia este să continui să-i încurajezi autonomia și să-i dai de ales ca să nu se simtă obligat. Exercită-ți autoritatea fără efort. Fără să te simți deloc amenințată. În cel mai rău caz, o să doarmă îmbrăcat cu hainele de zi.

Chiar şi atunci, poţi oricând să încerci: „Vreau să te simţi comod, aşa că am să te ajut acum să te îmbraci cu pijamaua. Sau te descurci singur?“. Apoi îi poţi spune: „Nu mai avem timp să citim din carte acum, pentru că nu ţi-ai pus pijamaua la timp, dar să sperăm că mâine mergem la culcare un pic mai devreme. Te iubesc mult de tot... Noapte bună“.

Să-i spui „Te rog, lasă mâncarea pe farfurie" poate funcţiona uneori, dar s-ar putea ca micuţul să aibă nevoie de opţiuni şi în această privinţă. Aruncatul mâncării e un semnal destul de clar că nu îi este foame. Nu cred că o limită impusă în această situaţie este o pedeapsă: „În timp ce mănânci, vreau ca mâncarea să rămână pe farfurie. Dacă arunci mâncarea, înseamnă că ai terminat. Am să iau mâncarea şi am să o pun deoparte pentru mai târziu, când îţi va fi din nou foame".

Reţine că „Nu" este un cuvânt sănătos şi pozitiv cu care băieţelul tău experimentează la această vârstă şi o expresie a ataşamentului său. Ai putea chiar să joci cu el un joc în care să-i oferi mai multe opţiuni (jucării, haine, mâncare, orice), iar el să poată să tot spună „Nu".

Îmi amintesc că am început în mod spontan un asemenea joc cu fetiţa mea când făcea baie. Se juca cu jucăriile pentru cadă, turnând apă dintr-o cană sau dintr-o sticlă. Şi atunci când a ezitat un pic înainte de a face acel lucru, am rostit un „Nu" hotărât, într-un fel în care să ştie că era în glumă. Apoi, a continuat să repete acţiunea, rugându-mă „Spune-mi nu" cu un zâmbet imens pe faţă. Şi eu am făcut asta, în timp ce păream *foarte* serioasă. A putut să trăiască senzaţia puternică de a se opune dorinţelor mele. Jocul a devenit imediat unul preferat, care a fost repetat la fiecare baie. Nu se mai sătura de el!

Sper că îţi va fi de folos...

Salutări,

Janet

Bună, Janet,

Îți mulțumesc atât de mult pentru sfaturi. Am încercat să-i dau lui J. de ales și asta a însemnat o mare schimbare. I-am dat să aleagă între pijamale, între două povești, genul acesta de lucruri. Chiar a răspuns pozitiv când i s-a dat de ales.

Mai mult, acest lucru m-a scutit de un stres imens. Ieri dimineață nu a vrut să se îmbrace. I-am dat să aleagă între două haine, dar a refuzat în continuare. Așa că i-am spus cu calm că am înțeles că nu voia să se îmbrace chiar atunci și că aveam să pregătesc micul dejun. I-am mai spus să mă anunțe când e pregătit să se îmbrace ca să vin să-l ajut. A spus imediat că e pregătit să se îmbrace și să ia micul dejun. E nevoie de un pic de exercițiu, dar comunicăm amândoi mai bine.

Încerc să fiu calmă și respectuoasă, dar mă ajută să știu exact ce cuvinte să spun. I-am spus exact ceea ce mi-ai scris tu. M-am simțit pregătită, m-am făcut auzită și suntem mai fericiți.

Mulțumesc încă o dată,

Kate

11.

Nu sunt adepta cronometrelor

„Copiii par să aibă tot timpul din lume – dar adulţii nu. Chiar cu o rutină prestabilită, timpul este un concept abstract, în special pentru copiii mici, aşadar că nu vă puteţi aştepta să vă împărtăşească senzaţia de grabă. Soluţia: luaţi-vă un cronometru. Cu cât mai mari numerele şi mai gălăgios semnalul sonor, cu atât mai bine.“

(Nanny Stella[1], *Nickelodeon Parents Connect*)

Dacă folosiţi un cronometru, ştiu la ce vă gândiţi acum, pentru că m-am luptat şi eu cu asta. *De ce te legi de un instrument care funcţionează pentru noi când ai putea să ne oferi sfaturi constructive? Ce poate fi în neregulă cu folosirea cronometrelor? Ne ajută să stabilim limite şi să suportăm mai uşor tranziţiile, iar copiii noştri le adoră.*

---

[1] Nanny Stella este Stella Reed, coautoarea cărţii *Nanny 911: Expert advice for all your parenting emergencies* (n. tr.).

În primă fază, cronometrele sunt amuzante, eficiente şi inofensive şi cu siguranţă că nu i-aş critica pe părinţii care le folosesc. Dar convingerea mea este că aceste cronometre se pot întoarce împotriva noastră, subminând obiectivele finale ale unui părinte.

Aşa că sper că mă veţi asculta, ceea ce nu ar trebui să dureze mai mult de un minut sau două (haideţi, porniţi cronometrul). Apoi sunteţi liberi să nu fiţi de acord.

Cum ne găsim propriul ritm ca lideri competenţi. E nevoie de experienţă şi multă practică să devenim liderii empatici şi plini de încredere de care au nevoie copiii noştri. Stabilirea limitelor şi obţinerea cooperării nu sunt aspectele de *parenting* preferate ale nimănui, nici nu ni se potrivesc în mod natural multora dintre noi. Aşa că e de înţeles atracţia faţă de un dispozitiv care poate să o facă pe „personajul negativ" şi să-i spună copilului că e timpul să înceteze cu joaca afară într-o seară caldă de vară. Dar e acesta un lucru bun?

Şi în viaţa mea personală, şi în activitatea de îndrumare a părinţilor, am observat că, pe măsură ce exersăm confruntarea directă cu rezistenţa copiilor în faţa limitelor impuse de noi, ne obişnuim tot mai mult să le întâmpinăm, acceptăm şi recunoaştem neplăcerea. Devine mai uşor cu timpul, iar noi devenim mai încrezători în rolul nostru de lideri blânzi. Un cronometru folosit ca să abată „vinovăţia“ este un sprijin de care nu avem nevoie şi care ne poate inhiba progresele în această privinţă.

Micile trucuri. Ca şi mentorul meu, Magda Gerber, nu sunt adepta micilor trucuri în creşterea copiilor, acesta fiind un motiv (printre altele) pentru care evit gadget-uri precum premergătoarele, jumperele sau scăunelele Bumbo. Tot din acest motiv, nu folosesc mita, şantajul, graficele de motivare, nici măcar expresii ca „statul la colţ“, „cu cuvintele tale“.

Poate părea extrem, dar vreau ca tot ceea ce spun şi fac în legătură cu copiii mei să-mi amintească 24 de ore din 24, şapte zile pe săptămână, că ei nu sunt cu nimic mai prejos decât nişte persoane în toată puterea cuvântului. Am nevoie să menţin curată calea spre relaţia noastră directă. Este destul de greu să rămâi pe drumul tău atunci când în societatea noastră se manifestă o lipsă de sprijin atât de uluitoare faţă de cei care aleg să-şi crească copiii cu respect.

O metodă bună pentru a verifica dacă o tactică sau un termen sunt respectuoase este să ne întrebăm dacă le-am folosi cu un adult. Am folosi un cronometru cu oricine altcineva în afară de un copil sau pentru fierberea unui ou? *DING! A expirat timpul de pierdut vremea, iubitule, hai să mă ajuţi să spăl vasele!*

A expirat timpul. *„Cronometrele vă ajută să le oferiți copiilor voștri o idee asupra timpului și să fie mai conștienți de conceptul de timp. Acest lucru nu poate fi decât benefic pentru ei pe termen lung, și, pe deasupra, vă ajută să opriți încă de la început unele dintre conflictele zilnice cu care vă confruntați acum."* (Stella Reed)

Da, este important și benefic pe termen lung ca micuții noștri să aibă o idee rezonabilă asupra timpului, dar de ce atâta grabă să le întipărim acest concept de la o vârstă atât de fragedă? Îmi amintesc de o prietenă îngrijorată care se plângea că grădinița copilului ei folosea cronometre pentru a-i muta pe copii dintr-un centru de învățare în altul la fiecare cinci minute, ceea ce, deloc surprinzător, îl descuraja pe copilul ei în loc să-l învețe ceva (în afară de faptul că la grădiniță era imposibil de stresant).

Sunt sigură că aceasta ar fi și reacția mea, chiar ca adult. Îmi imaginez că aud acel sunet, tic-tic-tic, în anticiparea unui ding! zgomotos și asta mă neliniștește. (S-ar putea ca acest lucru să explice și de ce mă enervează cutiuțele din care, atunci când sunt deschise, se ivește brusc o jucărie care începe să cânte.) Acest sentiment de panică, de distragere mi-ar ucide cu siguranță bucuria oricărei activități sau idei pe care aș putea-o avea. Oare să ai un timp măsurat de cronometru este mai rău decât să nu ai timp deloc?

Unul dintre nenumăratele lucruri pe care le prețuiesc la copiii mici este comuniunea totală pe care o au cu timpul, atât de relativ pentru ei. Copiii se pierd în timp mereu și ne pot inspira și pe noi să ne eliberăm de ceasuri, să încetinim și să ne alăturăm lor. De ce să grăbim copiii să învețe sensul timpului, când ignoranța este o binecuvântare?

„Cum s-a făcut așa târziu atât de repede?"

(Dr. Seuss)

12.

Să nu ne lăsăm tulburați

Copiii mici sunt experţi în a ne călca pe nervi, deşi nu au nici cea mai mică intenţie de a face asta. Testarea limitelor (şi a răbdării noastre) este un comportament impulsiv şi un mod firesc (pentru acest stadiu al dezvoltării lor) de a căuta răspunsuri la întrebări importante, cum ar fi:

Sunt în siguranţă şi îngrijit?
Am lideri încrezători?
Ei sunt alături de mine sau împotriva mea?
Este în regulă să fac ceea ce vreau, să simt ceea ce simt?
Sunt un copil rău?

În timp ce încearcă să-şi lămurească aceste chestiuni importante, copiii mici ne cer să ne formulăm clar (sau să ne re-formulăm) aşteptările, să stabilim regulile casei. De exemplu:

Ce vor face părinţii mei dacă eu... (lovesc căţelul, o împing pe sora mea, arunc cu mâncare, refuz să mă pregătesc să ies din casă)?

Este decizia mea sau a părinților mei... (să merg la culcare, să mă așez pe scaunul auto, să-l țin de mână pe tata în parcare)?

Dacă nu le oferim cu consecvență copiilor noștri mici răspunsurile de care au nevoie ca să se simtă îndrumați, în siguranță și înțeleși, de obicei vor fi nevoiți să continue să le ceară prin rezistență și testare.

Ca părinți, nu suntem întotdeauna capabili să luăm note maxime la aceste teste. Suntem oameni, obosim și ne enervăm, ceea ce înseamnă că, măcar ocazional, ne tulburăm, adică „ne zbârlim". E în regulă. Dacă rămânem măcar într-o oarecare măsură consecvenți și calmi și vorbim clar, vom reuși să le transmitem mesajul potrivit.

Iată câteva sugestii care ne-au ajutat, pe mine și pe părinții cu care am lucrat de-a lungul anilor, să nu ne „zbârlim":

1. Să privim în perspectivă. Atitudinea noastră cu privire la comportamentul ce încalcă limitele este *totul*, iar perspectiva noastră e cea care definește această atitudine. Testarea, încălcarea limitelor, sfidarea și rezistența sunt semne pozitive că micuții noștri își dezvoltă independența și autonomia. Dacă noi spunem „verde", copiii mici se simt aproape obligați să spună „albastru", chiar dacă verdele este culoarea lor preferată, pentru că, dacă își doresc ceea ce ne dorim și noi, nu se pot afirma ca individualități distincte.

La aceste provocări puteţi adăuga lipsa controlului impulsurilor şi furtuna emoţională generală specifice vârstei şi o să înţelegeţi de ce recomand ca micuţii care testează limitele să fie priviţi mai degrabă ca nişte persoane care au nevoie de ajutor decât ca nişte puşti obraznici. Ei au nevoie de sprijinul nostru, nu de furie sau pedepse.

Iar atunci când copiii mici trec prin stres, frică sau alte emoţii puternice, comportamentele lor impulsive se amplifică. Nu e deloc surprinzător că majoritatea părinţilor care mă contactează pentru a-i ajuta să rezolve problemele de comportament ale copilului lor de doi-trei ani au acasă un bebeluş sau aşteaptă unul, ori se confruntă cu vreo altă schimbare majoră la care reacţionează copilul lor.

Din nefericire, copiii noştri mici nu sunt capabili să-şi împărtăşească la comandă emoţiile cu privire la aceste situaţii. În schimb, s-ar putea să ni le comunice ţipând „Nu" ca răspuns la o indicaţie sau făcând o criză pentru că nu le-am permis să mănânce încă o prăjitură, ori reacţionând exagerat în faţa unei alte dezamăgiri aparent nesemnificative. De aceea noi nu trebuie să judecăm aceste exagerări, ci mai degrabă să încercăm să le înţelegem şi să le acceptăm.

În loc să ne simţim jigniţi când copilul nostru ţipă pentru că i-am turnat prea mult sirop peste clătite, să ne amintim că ţipetele lui sunt doar o manifestare a unor dezamăgiri mult mai profunde.

2. Să percepem pozitiv conflictele și emoțiile puternice (sau, cel puțin, într-un mod mai puțin negativ). Mulți dintre noi am primit în copilărie mesajul că manifestările puternice de emoție sunt inacceptabile și că trebuie să ne temem de conflicte. Din păcate, această perspectivă face să ne fie aproape imposibil să ne păstrăm calmul cu copiii mici care (așa cum am explicat mai sus) *au nevoie* să nu fie de acord cu noi și să-și exprime în siguranță emoțiile puternice. Schimbarea acestei paradigme este una dintre cele mai mari provocări ale noastre ca părinți și totuși este imens de eliberatoare.

Facem treptat această schimbare atunci când exersăm validarea punctului de vedere al copilului nostru (pentru cei mai mulți dintre noi, ultimul lucru de care avem chef atunci când suntem în conflict!). Trebuie să fie perfect în regulă pentru copii să vrea ceea ce vor, chiar dacă nu le dăm sau nu le permitem acel lucru. Oricât de nedreaptă sau ridicolă ar fi poziția copilului, nu-l pedepsim, nu-l contrazicem și nu-l judecăm.

3. Să avem așteptări rezonabile. Obținerea perspectivei corecte ne ajută să știm la ce trebuie să ne așteptăm. Apoi nu vom mai avea tendința să fim surprinși sau jigniți atunci când copilul nostru, de exemplu, refuză să urmeze indicațiile noastre cele mai politicoase și mai rezonabile; ori când încearcă să ne enerveze în timp ce pregătim cina sau ne cere mai mult, mai mult și mai mult din orice. Lucrul de care copilul are cu adevărat nevoie este să explodeze.

Cel mai rezonabil din partea noastră este să ne aşteptăm la un comportament nerezonabil din partea copilului mic. Dacă ne aşteptăm la haos, devine mult mai uşor să ne păstrăm calmul.

4. Să prevenim, să fim pregătiţi şi eficienţi. Copiii noştri de vârstă mică sunt exploratori curioşi prin natura lor, aşa că a-i pune în situaţii în care această înclinaţie nu este binevenită creează cadrul pentru frustrări de ambele părţi. Reţineţi şi că micuţii obosesc uşor în condiţii de supra-stimulare şi că trec de la o stare pozitivă la una negativă cât ai clipi din ochi.

Să fim pregătiţi şi eficienţi înseamnă să recunoaştem situaţiile în care există riscuri mari ca micuţii noştri să nu ne urmeze indicaţiile sau să nu fie de acord cu limitele noastre. Asta nu înseamnă că nu trebuie să mergem mai departe cu încredere (*trebuie* să proiectăm încredere). Nu le vom cere să-şi corecteze comportamentul de mai multe ori, ci o singură dată, pentru că repetarea cererii e o cale rapidă spre enervare şi furie. Oricând situaţia o permite, vom cere într-un fel care le oferă copiilor posibilitatea de a alege şi un pic de timp ca să salveze aparenţele.

Nu uitaţi, copiii mici trebuie să fie în dezacord cu noi pentru a-şi afirma locul lor, tot mai independent, pe lume. În codul copiilor mici, supunerea înseamnă slăbiciune.

Mai există și varianta de rezervă: „Poţi să faci asta singur sau ai nevoie de o mână de ajutor din partea mea?“. Evident că nu se pune problema dacă micuţii pot sau nu pot face cât de mult și-ar dori să facă în acel moment. Dacă suntem mereu pregătiţi pentru situațiile în care copiii noștri ar putea avea nevoie de o mână de ajutor (fără a pune întrebări), putem să ne păstrăm calmul, putem fi fermi și blânzi în loc să ne impunem cu forţa și să devenim furioși.

Dacă nu vă așteptaţi la cooperare în orice situație, nu veţi fi dezamăgiţi.

Și, apropo, copiii mici nu se pricep nemaipomenit de bine să-și strângă jucăriile și vor avea de obicei nevoie de o mână de ajutor, de un coș special sau de o consecinţă logică exprimată cu blândeţe, cum ar fi: „Nu putem scoate mai multe jucării până când nu le punem la loc pe acestea“.

5. Să acționăm ca și cum... Autenticitatea noastră ca părinţi este o parte integrantă a abordării de *parenting* pe care o susțin. Dar, din moment ce a rezolva fără pedepse problemele de comportament ale copiilor noștri reprezintă un obiectiv extrem de important și de nobil ce nu pare să fie în firea multora dintre noi, cu siguranță poate fi util *să ne purtăm ca și cum ar fi*.

Să ne purtăm ca şi cum am fi netulburaţi nu înseamnă să adoptăm expresii şi voci severe sau să ne forţăm să râdem şi să ne jucăm. Înseamnă să ne imaginăm că avem de-a face cu asemenea situaţii de atâţia ani încât suntem complet calmi şi în largul nostru, aşa că e uşor să fim direcţi, hotărâţi şi să mergem mai departe atunci când e nevoie.

Odată ce începem să observăm cât de eficienţi putem fi, ne consolidăm încrederea de care avem nevoie ca să fim autentici.

6. Să folosim imagini. Trei imagini care au funcţionat pentru mine sunt: directorul general (capitolul 1), armura super-eroului (capitolul 13) şi imaginea ursuleţului de pluş (capitolul 18). Folosiţi una dintre acestea sau găsiţi o imagine personală care să vă consolideze încrederea şi care să vă ajute să vă simţiţi calmi şi să creaţi distanţa emoţională de care aveţi nevoie.

7. Să exersăm şi totul va deveni mai uşor. Fiecare mic succes ne amplifică încrederea în noi ca părinţi, face mai uşoară exprimarea limitelor noastre personale şi influenţează pozitiv fiecare relaţie din viaţa noastră.

8. Să ne identificăm proiecţiile negative, slăbiciunile şi lucrurile care declanşează în noi tulburare. Practicarea auto-reflecţiei ne ajută să cunoaştem factorii care ne destabilizează (aproape la fel de bine cum îi cunoaşte şi copilul nostru!), apoi putem începe să îi înţelegem. Conştientizarea este primul pas către schimbare, iar modificarea vechilor feluri de a reacţiona, de dragul copiilor noştri, este profund vindecătoare.

9. Să găsim sprijin. Anii copilăriei mici reprezintă o perioadă intensă. Pentru a-şi menţine în general calmul, părinţii copiilor mici au nevoie de un umăr pe care să plângă, iar unii pot chiar să apeleze la îndrumarea unui specialist în *parenting* sau a unui psiholog. Lăsaţi-vă copiii să vă inspire pentru a primi ajutorul de care aveţi nevoie!

13.

Secretul meu pentru a-mi păstra calmul atunci când copiii mei nu și-l păstrează pe al lor

Am ezitat să împărtăşesc acest secret pentru că mă tem că pare naiv. Apoi mi-a trecut prin minte că, în încercarea mea de a oferi un set complet de metode de *parenting*, nu pot să *nu* includ şi această metodă care, oricât de stupidă ar părea, a fost esenţială pentru sănătatea mea mentală în timpul creşterii a trei copii mai sănătoşi şi mai bine adaptaţi decât aş fi putut spera vreodată.

Sunt genul de persoană care absoarbe şi se lasă afectată de sentimentele tuturor, în special de acelea ale copiilor mei. Dar mai ştiu că este imperativ pentru binele lor să rămân calmă şi concentrată chiar şi în faţa celor mai intense emoţii ale copiilor mei. Barca mea e uşor de răsturnat. Pot pierde perspectiva şi, în loc să le ofer copiilor mei sprijinul solid pentru emoţiile lor sau limitele comportamentale de care au nevoie în timpul unei izbucniri nervoase, pot să ajung să-mi pierd răbdarea, să mă enervez, să mă îndoiesc de mine însămi, să devin furioasă sau frustrată, să ţip şi să fac în general lucruri care nu doar că nu funcţionează, dar şi creează probleme ce înrăutăţesc şi mai mult situaţia.

Când ne pierdem calmul, mare parte din ceea ce spunem şi facem nu ajunge la copiii noştri. Tot ceea ce învaţă ei atunci când ne agităm este că au puterea să ne facă să suferim sau să ne stârnească furia, ceea ce îi nelinişteşte, creează o atmosferă nesănătoasă şi, de obicei, îi face să-şi repete comportamentele dificile până când ne recăpătăm controlul.

Sau poate că spunem lucruri de genul: „Mă necăjeşti foarte tare!". Vulnerabilitatea noastră le creează copiilor vinovăţie şi insecuritate, împovărându-i cu o cantitate neobişnuită de putere şi lipsindu-i de autoritatea încrezătoare şi blândă de care au nevoie.

Niciodată nu o să ne placă atunci când copiii noştri mici sunt supăraţi şi uneori o să ne pierdem calmul. Şi asta nu o dată, de două ori. Cum ne putem controla sentimentele şi reacţiile?

Apreciez sfaturile minunate oferite de părinţi, bloggeri şi profesionişti pentru a ne ajuta să ne temperăm reacţiile emoţionale – lucruri pe care ar trebui să le facem în loc să ţipăm sau să plesnim copilul când ne provoacă. Câteva dintre preferatele mele sunt: respiră, sună o prietenă, sari în sus şi mănâncă o ciocolată neagră (preferabil toate odată). Dar, în frenezia unui moment dificil, ştiu că am nevoie imediat de ceva mai puternic și mai eficient.

Așa că, atunci când copiii mei sunt furioşi, trişti, frustraţi, când se agită sau cedează nervos, mă imaginez îmbrăcând un costum de super-erou echipat cu o armură care mă apără de cele mai acute și enervante izbucniri emoţionale. Mă face să mă simt puternică şi capabilă şi mă inspiră să mă ridic deasupra conflictului. Simplul gest de a întinde mâna după costumul meu de super-erou mă ajută să fac un pas în afara mea și să obţin o perspectivă mai clară.

În acele clipe îmi spun: *Acesta este un moment foarte important în creșterea copilului meu. Este atât de bine pentru copilul meu să-i permit să-și exprime emoțiile. Explozia asta va liniști lucrurile și îi va ridica moralul copilului. Să rămân prezentă și calmă, să mențin limitele pe care le-am impus și să fiu un canal sigur pentru aceste emoţii sunt cele mai bune lucruri pe care le pot face.*

Câteva dintre puterile supraomenești de *parenting* pe care mi le oferă costumul:

1. Înţeleg că un comportament dificil înseamnă un strigăt de ajutor – lucrul cel mai bun pe care îl poate face copilul meu în momentul respectiv.

2. Îmi amintesc să recunosc emoțiile și punctul de vedere al copilului meu. Acest aspect este extrem de important.

3. Am încredere în mine să stabilesc şi s
mitele într-un stadiu incipient (înainte de a
sau de a deveni ranchiunoasă) şi să o fac cu
rect, sincer şi într-un mod în care copilul să nu se simtă pedepsit.

4. Ştiu că adeseori cuvintele mele nu sunt de ajuns. În cazul în care copilul meu nu-şi încetează comportamentul nedorit, trebuie să intervin şi să-l ajut să facă asta.

5. Nu mă tem de ceea ce pot crede alţii atunci când trebuie să-mi iau în braţe copilul care ţipă şi plânge şi să-l duc departe de o situaţie problematică. Copilul meu este pe primul loc.

6. Am curajul să las emoţiile copilului să-şi urmeze cursul complet fără a încerca să-l calmez, să-l grăbesc, să-l fac să tacă sau să-l conving să înceteze. Pot să spun: „Ai emoţii foarte puternice în această privinţă", în loc să răcnesc: „Gata!".

7. Mă port firesc în continuare, fără urmă de resentiment, odată ce a trecut furtuna copilului meu.

8. În loc să mă simt furioasă, vinovată sau descurajată tot restul zilei, ţin capul sus şi mă felicit pentru că sunt un părinte extraordinar, un erou.

Ocazional, deşi destul de rar, perspectiva mea de super-erou îmi permite chiar să recunosc cât de special a fost acest moment. Sunt capabilă să călătoresc în timp spre viitor cu super-viteză, să mă uit în urmă şi să îmi dau seama că acesta a fost un timp de cea mai bună calitate petrecut împreună. Nu a fost prea frumos, dar am fost apropiaţi. Îmi voi aminti că mi-am iubit copilul chiar atunci când a trecut prin cea mai rea fază a lui şi mă voi simţi extraordinar de mândră.

14.

De ce plânge?

Un copil smiorcăit, copilul *meu* mai exact, reușește să emită sunetul cel mai chinuitor pe care mi-l pot imagina. Aș prefera să fiu încuiată într-o mașină cu alarma pornită. Mă face să simt o presiune intensă să fac ceva, să rezolv *acum* situația respectivă.

Se presupune că plânsul trebuie să ne atragă atenția și să ne dezarmeze. Dacă asta constituie o consolare, aproape fiecare copil trece printr-o fază de smiorcăială (sau mai multe) și acest lucru nu indică un defect extrem de grav al copilului nostru sau al stilului nostru de *parenting*.

Iată cum îi putem ajuta pe copiii mici să obțină lucrurile de care au nevoie fără ca urechile și nervii noștri să fie puși la încercare:

1. Nu lăsați smiorcăitul să vă enerveze. Unii sugerează că ar trebui să ignorăm un comportament precum plânsul, dar eu cred în a rămâne prezentă și disponibilă, detașându-mă doar de smiorcăit.

Imaginaţi-vă purtând un filtru împotriva enervării (o invenţie care ar aduce miliarde, sunt sigură). Respiraţi adânc şi amintiţi-vă că purtarea copilului este perfect normală, dar că nu doriţi să o încurajaţi. Exact asta s-ar putea întâmpla dacă îi îndeplinim cerinţa copilului ca să-l facem să înceteze cu smiorcăitul sau dacă reacţionăm negativ.

2. Îndrumare blândă. Spuneţi cu calm ceva de genul: „Pare că nu te simţi bine, dar mi-e greu să te înţeleg. Te rog, vorbeşte-mi pe un ton normal". Puteţi adăuga firesc: „Mă dor urechile de la sunetul ăsta".

Dacă plânsetul continuă, întoarceţi-vă la ceea ce făceaţi înainte şi încercaţi din nou după un moment. Sau puneți-i copilului întrebări despre ceea ce dorește, amintindu-i în același timp să răspundă pe un ton normal.

3. Odihnă, mâncare, băutură, confort. Copiii care se smiorcăie fac asta, de multe ori, ca rezultat al faptului că nu au suficient din lucrurile de mai sus. Nu uitaţi, copiii mici cresc repede, obosesc uşor şi au momente de scădere a glicemiei înainte de a realiza că le e foame. De asemenea, le ies molarii, ceea ce le creează cu siguranţă disconfort (şi îi face să doarmă mai puţin decât au nevoie).

4. Copiii care se smiorcăie pot fi în pragul unei explozii emoţionale. Smiorcăitul poate fi un semn că trebuie să exprime emoţii puternice de frustrare, dezamăgire, tristeţe sau furie. Dacă aceste emoţii se manifestă, întâmpinaţi-le, lăsaţi-le să-şi urmeze complet cursul (în acel moment şi ca regulă generală) şi e foarte probabil ca smiorcăitul să înceteze.

5. Acordaţi-le atenţie completă şi pozitivă. Chiar şi nou-născuţii ştiu dacă se bucură sau nu de toată atenţia noastră, iar dacă stăm cu ei o zi întreagă, dar nu le acordăm decât pe jumătate atenţia noastră, nevoile copilului nostru nu vor fi satisfăcute. Aşa cum spune Magda Gerber în *Your Self-Confident Baby*[1], copiii noştri trebuie să primească periodic mesajul: „Eşti important. Tu eşti numărul unu acum".

Magda îi încuraja pe părinţi să profite de hrănirea, îmbăierea, schimbarea scutecelor şi îmbrăcarea copiilor ca de nişte oportunităţi naturale pentru a le acorda atenţie directă. Recomanda, de asemenea, perioade de timp de calitate în care „nu vrem nimic" – momente în care îi permitem copilului nostru să fie iniţiatorul activităţilor, în timp ce noi observăm, sprijinim, răspundem şi participăm *aşa cum ne cere copilul*.

Din păcate, oricâtă atenţie le-am acorda copiilor noştri, tot vor încerca să se smiorcăie atunci când nu suntem atenţi la ei sau nu-i ascultăm. Dar dacă nu vor fi încurajaţi să se comporte astfel, va trece şi asta.

---

[1] *Bebeluşul tău încrezător în sine* (n. tr.).

15.

Mușcatul, lovitul, datul din picioare

Noi suntem mari. Copiii noştri sunt micuţi. Abia învaţă regulile şi aşteptările noastre în privinţa unui comportament adecvat. Simt o nevoie firească, în acest stadiu de dezvoltare, să-şi exprime voinţa şi au foarte puţin control asupra impulsurilor lor. Având în vedere această dinamică puternică şi complicată, de ce am lua personal comportamentul nedorit al copilului nostru atunci când loveşte şi muşcă ori refuză să coopereze cu noi?

Când se întâmplă aşa ceva, devenim furioşi, frustraţi sau îngroziţi. E posibil să ne pierdem perspectiva şi să ne trezim confruntându-ne ca de la egal la egal cu o fiinţă atât de mică în raport cu dimensiunile noastre. S-ar putea să ne simţim tentaţi să izbucnim, să lovim sau să muşcăm (!) şi noi sau să recăpătăm controlul situaţiei aplicând cu severitate regulile, certându-l sau pedepsindu-l pe copilaş în numele ideii de *a-i da o lecţie*.

Sau poate că o luăm în direcția opusă. Temându-ne să ne confruntăm cu furia micuțului nostru sau cu propria noastră furie, dăm înapoi. Cedăm în fața copilului, ezităm, suntem nehotărâți sau încercăm să ocolim problema de comportament. Poate că implorăm sau plângem, în așa fel încât copilului să-i pară rău de noi.

Cu toate că aceste reacții pot părea eficiente pe moment în abordarea comportamentului nedorit, pe termen lung ajung să înrăutățească lucrurile. Intensitatea emoțiilor noastre (care sunt întotdeauna extrem de evidente pentru copii, să nu vă închipuiți că ei nu le simt) poate transforma un experiment de moment sau o acțiune impulsivă într-o problemă comportamentală cronică. Copiii intuiesc când liderii pe care se bazează au pierdut controlul, iar acest lucru îi face să se simtă lipsiți de siguranța pe care le-o oferă autoritatea părinților și le dă senzația că au prea multă putere asupra lor. Pedepsele au ca efect frica, resentimentele și neîncrederea. Pe de altă parte, ezitarea noastră de a stabili limite clare poate să le creeze copiilor disconfort și insecuritate. Iar vulnerabilitatea noastră le dă o senzație de vinovăție.

Toate aceste reacții ale noastre sunt greșite, pentru că nu iau în considerare nevoia pe care toți copiii o exprimă prin comportamentul lor inadecvat: *Ajută-mă!*

Atunci când copiii noștri au un comportament exagerat, au nevoie de ajutorul nostru. Este atât de simplu. Dar cum îi ajutăm?

Perspectivă și atitudine. Dacă putem percepe acțiunile nedorite ale copilului nostru ca pe un strigăt de ajutor din partea celui mic, devine mult mai clar cum trebuie să reacționăm și care este rolul nostru. În calitate de adulți maturi și cu experiență, asta înseamnă să ne ridicăm deasupra conflictului (în loc să ne lăsăm prinși în el) și să oferim copilului ajutor.

Când ne reamintim în mod repetat că purtările provocatoare sunt strigătul de disperare al unui copil mic, începem să conștientizăm cât de ridicol este să luăm personal asemenea comportamente. Recunoaștem absurditatea unor reacții precum: „Cum poți să te porți cu mine în halul ăsta după tot ce fac pentru tine? De ce nu mă asculți?". Perspectiva ne conferă răbdare, încredere și conduita calmă de care avem nevoie ca să ne putem ajuta copilul.

Apoi comunicăm și facem ceea ce am spus: „Ți-e greu să te oprești din lovit, așa că am să te ajut ținându-te de mâini". Acesta este procesul gândirii noastre și chiar acestea pot fi cuvintele pe care i le spunem copilului nostru.

Sau i-am putea spune una dintre frazele următoare.

„Nu-ți dau voie să lovești. Ești atât de supărat fiindcă a trebuit să-mi iau înapoi telefonul când ai vrut să te joci cu el. Știu."

„Nu-ți dau voie să mă muști. Mă doare. Am să te las jos din brațe și am să-ți dau ceva ca să poți mușca în voie."

„Poţi să vii singur în casă sau ai nevoie de ajutorul meu? Se pare că ai nevoie de ajutor, aşa că am să te iau în braţe."

Ancore. Ne ajutăm copilul şi apoi îi permitem să reacţioneze prin explozii emoţionale, pentru că are nevoie de ajutor şi cu acestea. Pentru copil, prezenţa noastră răbdătoare şi empatia sunt ca o ancoră care-l ajută să coboare în siguranţă de pe valul unei emoţii puternice. După ce trece valul, cel mic are nevoie ca noi să îi recunoaştem emoţiile, să-l iertăm, să-l înţelegem şi să lăsăm să treacă momentul, ca să poată şi el să facă la fel.

Până la urmă, cum am putea avea resentimente faţă de o persoană mică, stăpânită de impulsuri mai mari decât ea?

Ideea aceasta mi-a venit recent, într-o seară la ora 22.45, când mergeam să-i reamintesc fiicei mele adolescente că era ora de culcare. Am fost uluită să-l văd venind spre mine pe fiul meu în vârstă de zece ani (care se dusese la culcare la ora nouă). Mai întâi am crezut că se ducea la baie, dar apoi l-am auzit spunând ceva ce nu am putut înţelege: „(mormăit de neînţeles) ...să mă uit la televizor".

„Poftim?" Apoi mi-am dat seama că umbla în somn. De când era mic băiatul meu a avut un ritual nocturn de vorbit sau de strigat în somn, spre marele amuzament al surorilor lui, care dorm în camerele alăturate.

Se ridică adesea în șezut în pat în timp ce spune o frază sau două, dar numai rareori pornește într-o plimbare nocturnă.

„Dă-mi să mă uit la televizor", a repetat el. Părea consternat și inexpresiv. „Nu are nici un sens." Apoi a pornit împleticindu-se spre scări.

„O, nu... du-te înapoi în pat." S-a împotrivit când am încercat să-l țin în loc. Ne-am luptat. E un micuț puternic, musculos, un oponent dificil chiar și în somn, dar am reușit în cele din urmă să-l duc înapoi în camera și în patul lui, unde s-a liniștit imediat.

Poate că vă întrebați: ce legătură are un somnambul de zece ani cu un copil mic care testează limitele?

Copiii mici sunt foarte conștienți, dar comportamentul lor *nu este*. Au la fel de mult autocontrol cât are băiatul meu când umblă prin somn și au nevoie ca noi să tratăm aceste situații cu încredere și fără a ne înfuria.

Reacții netulburate. O mamă cu care am avut plăcerea să discut recent la telefon mi-a împărtășit aprecierea ei pentru cuvântul pe care l-am descris anterior, în capitolul 12: *netulburat*. Această mămică apelează la acest concept ori de câte ori o provoacă purtarea copilului ei. A născut de curând un bebeluș, iar copilul ei de câțiva ani a trebuit să se adapteze la această schimbare enormă în viața lui, așa că a fost nevoită să se afișeze foarte des o imagine netulburată. Nu o mai face atât de mult acum, pentru că reacţiile ei netulburate l-au ajutat pe băieţelul ei să treacă rapid prin această fază dificilă.

Nu ne putem preface netulburaţi. Ca niște actori buni, părinţii trebuie *să creadă*. Reușim asta atunci când păstrăm o perspectivă realistă și adoptăm atitudinea conform căreia noi suntem mari și ne descurcăm cu problemele, iar copilul nostru este mic și educarea lui e sinonimă cu ajutorul.

Scrisoarea unei alte mămici m-a făcut să zâmbesc:

Dragă Janet,

Fiul meu în vârstă de șaisprezece luni a început să lovească – să mă lovească pe mine, mai exact. Pare să se comporte așa din pură voioșie. Nu e flămând, obosit sau frustrat. Dimpotrivă, pare încântat de exclamația „Au!" și vrea să o provoace. Ciripeşte voios „Au! Au! Au!" în timp ce încearcă să mă lovească cu pumnul în faţă, zâmbind și râzând în tot acest timp. Într-un fel, asta mi se pare adorabil.

De multe ori am încercat să-l împiedic să lovească spunându-i: „Nu-ţi dau voie să faci asta" și „Nu" și i-am oprit cu blândeţe mâinile. Când fac asta, îmi iau o figură lipsită de expresie ca să nu zâmbesc și eu, dar nu devin emoţională, nici nu mă supăr.

Probabil că încă nu și-a dezvoltat empatia. Mă loveşte în mod repetat și acum încearcă și cu pisica noastră bătrână, care are nouăsprezece ani.

În plus, m-a lovit în ochi săptămâna trecută – e greu să nu te superi când te doare. Ai vreun sfat?

Foarte intuitiv, cum sunt mulţi copii mici, Jamie este la fel de conştient de o interpretare sub medie ca un critic de film pentru care jocul actorilor trebuie să fie convingător. Nu o crede pe mama lui când îi vede figura inexpresivă. A auzit „Au!" o dată şi asta e tot ce-i trebuie. Ştie că mai sunt şi alte strigăte pe acolo, pe undeva. O enervează pe mami şi asta îl entuziasmează.

Jennifer trebuie să *creadă* că nu e mare scofală. Trebuie să-şi spună *Ce plictiseală!* atunci când îl împiedică ferm, dar cu blândeţe, pe Jamie să o lovească. Trebuie să se ridice mult deasupra ideii că ar fi o problemă gravă şi să perceapă purtarea micuţului ei ca fiind complet inofensivă. Doar aşa o va face să înceteze. În acest moment, este implicată în dramă (ceea ce recunosc că e greu să nu faci cu un copilaş atât de captivant).

Frumuseţea unei atitudini netulburate, de sprijin, stă în aceea că îi permite copilului nostru să se relaxeze ştiind că părinţii lui „îi sunt alături". Ştie că nu vom fi prea tulburaţi de trăsnăile lui. Se asigură că are ancore – îndrumători răbdători, capabili să reziste cu o relativă uşurinţă la tot ceea ce face el.

Ştiind că părinţii îi vor ajuta întotdeauna să se descurce cu comportamentele cu care nu se pot descurca singuri, copiii se simt în siguranţă să lupte, să facă greşeli, să crească şi să înveţe plini de încredere.

„Copiii mici testează limitele pentru a învăţa despre ei şi despre ceilalţi. Oprindu-i pe copii într-o manieră fermă, dar respectuoasă, atunci când încalcă limitele, îi ajutăm să-şi înţeleagă lumea şi să se simtă în siguranţă."

(Irene van der Zande, *1, 2, 3... The Toddler Years*[1])

---

[1] *1, 2, 3... Vârsta copilăriei mici* (n. tr.).

16.

Când copilul nu vrea să mănânce

Cei mai mulţi părinţi înţeleg că o dietă sănătoasă este esenţială pentru starea generală de bine a copilului lor mic şi îşi fac o prioritate din a-i oferi mese regulate şi hrănitoare. Dar, din diverse motive, copiii noştri nu-şi arată întotdeauna aprecierea faţă de munca grea şi bunele noastre intenţii.

E greu să nu simţim că am dat greş atunci când copilul nostru nu vrea să mănânce. Este la fel de greu şi să nu o luăm personal. Totuşi, cu cât insistăm mai mult, cu atât copilul opune mai multă rezistenţă.

Bună, Janet,

Sper că poţi să ne ajuţi pe soţia mea şi pe mine cu câteva sfaturi în legătură cu unele probleme legate de hrănirea fiicei noastre în vârstă de 18 luni, Tessa.

Când am început să îi oferim alimente solide, acum aproximativ un an, fiica mea le-a acceptat cu entuziasm. Mânca absolut orice. Soţia mea muncea foarte mult și făcea tot felul de mâncăruri pe bază de legume bio. Tessa adora totul. În cele din urmă, am adăugat carne de curcan, ouă și alte alimente. Tessei a continuat să îi placă totul.

În ultimele luni, Tessa nu mai mănâncă atât de mult și este incredibil de mofturoasă. Ne întrebăm ce s-a întâmplat cu fetiţa aceea care devora tot din farfurie. Astăzi i-am pregătit la prânz omletă cu fasole verde și brânză. Ouăle au fost întotdeauna preferatele ei. Astăzi a luat câteva înghiţituri și le-a scuipat imediat. Am așteptat și am încurajat-o de câteva ori să mănânce, amintindu-i cât de mult îi plac ouăle. După ce s-a jucat cu mâncarea vreo cinci minute, a mai luat o înghițitură pe care a scuipat-o pe loc, apoi a răsturnat pe podea toată tava cu mâncare.

Mesele noastre devin din ce în ce mai mult astfel de lupte, ceea ce ne epuizează pe mine și pe soţia mea. Am fost în vacanţă săptămâna trecută și fiecare masă a fost un coșmar. Am ajuns să luăm mâncare la pachet și să mâncăm în camera de hotel.

O vreme m-am gândit că problema ar putea fi creșterea dinţișorilor și am fost dispus să o las în pace pe Tessa și să-i ofer alte mâncăruri, dar acum sunt îngrijorat că rezistenţa ei se poate transforma într-un obicei și sper să primesc ajutor.

Mulţumesc, Janet!

Chris

Dragă Chris,

Ador copiii mici. Deschişi, conştienţi, sensibili, intuitivi, ne cunosc atât de bine încă din primele săptămâni de viaţă şi acum începem şi noi să ne dăm seama cât sunt de inteligenţi.

În primul rând, după cum îmi imaginez că aţi făcut deja, eliminaţi orice posibilă problemă medicală discutând cu medicul vostru, în special dacă Tessa pierde în greutate sau nu ia în greutate aşa cum ar trebui. Dar şi dacă are vreo problemă digestivă de orice natură, obiectivul vostru este ca mesele să redevină momentul acela tihnit al zilei în care membrii familiei să se concentreze asupra mâncării şi unul asupra celuilalt. Iată ce bănuiesc eu că s-a întâmplat...

Binecuvântată cu părinţi iubitori care pun preţ pe mâncarea sănătoasă şi „muncesc foarte mult" să îi ofere *la crème de la crème* de la prima înghiţitură, Tessa a reacţionat splendid şi a răsplătit eforturile părinţilor ei mâncând cu poftă. La ora mesei, familia era hrănită cu o mâncare delicioasă şi, pe deasupra, toată lumea se simţea bine. Momente fericite.

Apoi, s-a întâmplat ceva. Poţi să-ţi dai seama la fel de bine ca mine (sau chiar mai bine) ce poate fi: erupţia dentară, o răceală, o schimbare de gusturi sau pur şi simplu o etapă de dezvoltare în care Tessa nu a mai avut apetitul ei obişnuit. Copiii trec prin faze când mănâncă mai puţin.

Schimbarea în modul de a mânca al Tessei le-a provocat părinţilor ei o uşoară îngrijorare, iar micile ei antene au înregistrat o vibraţie (pentru că un copil mic e înzestrat cu un fel de al şaselea simţ şi îşi dă seama repede când ceva nu e în regulă). Tessa a simţit tensiunea care-o înconjura la ora mesei.

În acelaşi timp, pentru că este sigură de dragostea părinţilor ei, Tessa începe să exploreze unele zone de interes la care copiii de doi ani ţin foarte mult: testarea, independenţa, puterea, controlul, voinţa. Lucruri amuzante. Acest stadiu al dezvoltării îi pune pe părinţi la grea încercare. Este nevoie de exerciţiu ca să identifice echilibrul corect de putere dintre ei şi copilul mic, dar e bine de ştiut că rezistenţa în faţa părinţilor şi asumarea propriei identităţi sunt exact lucrurile pe care Tessa ar trebui să facă. Este pe drumul cel bun.

Mâncatul este o zonă pe care Tessa o controlează şi pe care *are nevoie* să o controleze. Ea este singura care ştie când îi este foame şi când este sătulă. Trebuie să-şi asculte burtica şi să aibă încredere în ea însăşi. În ultimul timp, ora mesei a devenit un pic prea „încărcată" pentru ca ea să mai fie în stare să asculte. Nu încearcă să vă tortureze: îşi simte pur şi simplu puterea şi îşi joacă rolul, care constă în a opune rezistenţă oricărui lucru pe care îl percepe ca pe o presiune.

Iată sugestiile mele pentru un armistiţiu.

Nu aveţi aşteptări prea mari. În urma experienţelor voastre recente, probabil că nici nu mai e nevoie să spun asta. Nu este momentul ca tu şi soţia ta să-i pregătiţi Tessei meniuri de *master chef* şi să riscaţi să vă simţiţi dezamăgiţi şi neapreciaţi. Faceţi acest lucru când gătiți pentru voi doi, dar menţineţi lucrurile simple pentru Tessa.

E firesc să vă proiectaţi aşteptările (sau chiar groaza) unei scene la ora mesei fără ca măcar să vă daţi seama de acest lucru. După ce am avut de-a face cu săptămâni de rezistenţă din partea copiilor noştri, indiferent că e vorba despre mâncat, schimbatul scutecelor, mersul la culcare sau orice altceva, nu ne putem abţine să nu ne proiectăm nervozitatea, care poate adesea înrăutăţi lucrurile. De vreme ce copiii mici ne intuiesc emoţiile, cel mai bine este să o luăm de la capăt şi să proiectăm încredere şi calm. În aceeaşi măsură, mai ajută şi metodele de mai jos.

Trebuie să vă temperaţi reacţiile şi răspunsurile. Fiţi conştienţi de subtext. Faceţi în aşa fel ca mâncarea să nu aibă de-a face decât cu relaţia dintre Tessa şi burtica ei. Nu vă entuziasmaţi prea tare când mănâncă bine, nu vă arătaţi dezamăgiţi atunci când nu o face, nu încercaţi s-o ademeniți sau s-o convingeţi să mănânce. Şi acum, şi în viitor, aveţi grijă să nu-i creaţi Tessei impresia că o cantitate de mâncare pe care o mănâncă îi mulţumeşte sau îi afectează pe mami, tati sau pe oricine altcineva.

În schimb, încurajaţi-o să se concentreze asupra necesităţilor ei fizice (pofta de mâncare şi senzaţia de saţietate) rămânând neutri. Trebuie să vă temperaţi emoţiile, să vă înfrânaţi și entuziasmul, și îngrijorarea. Din moment ce micuţii noştri sunt foarte, foarte inteligenţi și înțeleg multe lucruri nerostite, nu putem nici măcar să le amintim cu blândeţe cât de mult le plac ouăle fără ca ei să simtă că urmărim ceva. Credeți-mă.

Am avut la cursuri părinţi cu copii mici sub greutatea normală – unei mămici chiar i s-a spus că micuţul ei *are probleme de dezvoltare*. Știu cât e de dificil să rămâi neutru când le dai de mâncare copiilor și să nu te îngrijorezi. O altă mămică și-a dat seama că cel mai bine era să părăsească încăperea şi să-și lase fetiţa să mănânce numai împreună cu surioara ei mai mare ori de câte ori era posibil, până când copilul a luat în greutate suficient de mult ca mama să înceteze să fie tensionată în această privință. Nu sugerez nimănui să facă asta, doar exemplific efectul puternic pe care îl putem avea asupra copiilor noștri.

Oferiţi-i copilului alternative şi porţii mici. Aduceţi mai puţin decât credeţi că va mânca Tessa – cantităţi foarte mici din trei sau patru feluri de mâncare. Ţineţi restul mâncării la îndemână. Lăsaţi-o să mănânce cât de mult sau cât de puţin doreşte şi să fie ea cea care mai cere. Ceea ce alege şi cât de mult înghite trebuie să fie controlat de ea.

Nu uitaţi să o anunţaţi pe fetiţă că, atunci când dă semne că a terminat – mănâncă mai încet, se joacă cu furculiţa în farfurie sau (hm!) aruncă mâncarea pe jos –, ora mesei a luat sfârşit şi nu va mai primi o altă ocazie să mănânce până la următoarea masă sau gustare. Nu este o pedeapsă. Îi oferă autonomia, opţiunile, limitele şi consecinţele de care are nevoie.

Încercaţi să nu vă înfuriaţi şi să nu vă enervaţi dacă respinge mâncarea. Păstraţi-vă calmul şi spuneţi-i ceva de genul: „Hm, scuipi mâncarea. Probabil îmi spui că ai terminat“. Apoi puneţi capăt situaţiei nedorite luându-i mâncarea din faţă şi ajutând-o cu blândeţe să se dea jos de pe scaun, spunându-i tot timpul Tessei ce faceţi.

Trecerea de la un scaun înalt pentru hrănirea bebeluşilor la o măsuţă şi un scăunel sau taburet pentru copii mici face minuni în eliminarea luptelor de la ora mesei. (Pentru detalii şi o scurtă demonstraţie video, accesaţi, pe site-ul meu, http://www.janetlansbury.com, *Babies with Table Manners*[1].)

Renunţaţi pe moment şi aveţi încredere. Ca să o invoc pe Marianne Williamson[2], „a avea încredere“ şi

---

[1] *Bebeluşi cu maniere la masă* (n. tr.).

[2] Învăţător spiritual, conferenţiar şi autoare de cărţi bestseller precum *Întoarcerea la iubire*, *Vindecarea sufletului Americii* etc. (n. tr.).

„a şti să renunţi“ sunt teme recurente şi pentru părinţi şi este întotdeauna o provocare să ştie cum şi când să o facă. Uneori, copiii mici îşi pierd pofta de mâncare când simt presiune în privinţa mâncării, dar nu intră în greva foamei. Proiectaţi încredere, rămâneţi calmi chiar dacă Tessa sare peste câteva mese, şi în curând ea se va întoarce la normal şi vă va testa în alte privinţe.

Poftă bună!

17.

Răspunsul obraznic, de sus

Bună, Janet,

Am probleme cu fiica mea care se apropie de doi ani și jumătate, Madeline. Practic RIE încă dinainte de a se naște ea, pentru că am lucrat în domeniul îngrijirii bebelușilor, așa că sunt obișnuită cu abordarea recomandată de tine. Fiica mea a crescut până acum într-o familie foarte calmă, răbdătoare, încurajatoare și plină de respect.

Madeline a fost întotdeauna un copil cu care s-a cooperat foarte ușor – foarte empatică, fericită, independentă... minunată, într-un cuvânt. De curând, a început să răspundă obraznic și cred că o face intenționat ca să ne apese butoanele. Când eu sau soțul meu încercăm să-i spunem ceva, se contrazice cu noi până în punctul la care nu mai știu exact încotro să mă îndrept înainte ca totul să se transforme într-o ceartă sau o luptă pentru putere. De exemplu:

Bunicul era la baie și ea stătea lângă ușa închisă, strigându-l. I-am spus: „Madeline, bunicul tocmai a intrat în baie. O să iasă repede. Are nevoie de intimitate.

Te rog să nu mai strigi la el". Ea a început să strige la mine: „Ba nu! Nu are nevoie de intimitate!".

M-a lovit cu o jucărie (pe jumătate din greșeală, cred...), iar eu i-am spus: „Au! Mă doare. Nu-mi place asta". Ea mi-a răspuns (destul de indignată): „Ba da, îți place!". Asta se întâmplă destul de frecvent atunci când îmi exprim sentimentele în fața ei – îmi răspunde, cu o evidentă obrăznicie, exact contrariul.

Înțeleg că este o perioadă de independență și că învață cum să fie o persoană autonomă. Înțeleg că e o perioadă foarte confuză și generatoare de conflict pentru ea fiindcă vrea să fie independentă, dar are încă nevoie de noi. I-am oferit întotdeauna suficient spațiu, timp și opțiuni, așa că totul este nou pentru noi. Chiar nu știu ce să fac.

Lisa

Bună, Lisa,

Ai identificat exact problema: „*a început să răspundă obraznic și cred că o face intenționat ca să ne apese butoanele*". Madeline continuă să te provoace pentru că vede că asta funcționează – răspunsurile ei obraznice te enervează. Soluția poate fi foarte simplă: dezactivează butonul pe care apasă fetița, astfel încât comportamentul ei să-și piardă puterile.

Îmi dau seama că asta s-ar putea să nu fie atât de ușor pe cât sună. S-ar putea să nu ți se pară corect. Da, este un comportament nepoliticos, și dacă te-ar trata așa oricine altcineva în afară de fiica ta de doi ani și jumătate, ai avea dreptate să te simți jignită. Și, bineînțeles, faptul că este vorba de fetița ta empatică, minunată în toate privințele, pe care o adori și o respecți, face ca totul să pară de un milion de ori mai rău. Este surprinzător și alarmant. Cum îndrăznește? Ce se întâmplă cu scumpa ta fetiță? De unde vine purtarea aceasta insuportabilă și cum o faci să înceteze?

Dacă ai fi un părinte mai puțin empatic și mai puțin informat, probabil că ai plesni-o sau ai pune-o la colț; dar din moment ce îți respecți copilul și ești la curent cu principiile RIE, te sfătuiesc să faci un lucru mult mai eficient: să-ți ajustezi perspectiva.

Avem cu siguranță câteva vești bune aici, deci concentrează-te asupra lor. Gândește-te la următoarele aspecte:

1. După cum știi, copiii mici trebuie să-și testeze puterea, să-și exprime individualitatea, să încerce lucruri noi. Madeline este exact pe drumul cel bun.

2. Adesea, copiii mici își exprimă independența contrazicându-ne, oricare ar fi subiectul. Magda Gerber ne povestea adeseori despre un copil mic care striga „Nu!“ înainte de a accepta bucuros înghețata oferită de părinte.

Sfidarea este o reacție aproape automată. Când noi spunem „Da“, copiii mici au o dorință copleșitoare de a spune „Nu“ (şi viceversa), indiferent dacă cred sau nu asta. Nu e nimic personal.

3. Madeline vorbeşte!

4. Are păreri puternice şi o atitudine pe măsură, iar unele dintre aceste păreri vor fi nepotrivite. Dar faptul că se exprimă în acest fel înseamnă că este o fetiţă hotărâtă şi are încredere în sine.

5. Nu obişnuiesc să compar copiii mici cu animalele, dar când mă gândesc la felul în care fac experimente pentru a-şi încerca puterea, îmi amintesc comportamentul de triumf al primatelor care se bat cu pumnii în piept când câştigă o luptă.

6. Fetiţa testează aceste comportamente acasă, unde se ştie în siguranţă, iubită şi în general acceptată, ceea ce înseamnă că aţi crescut-o bine.

7. E micuţă, are doar doi ani şi jumătate. Îmi închipui că tu şi soţul tău sunteţi mult mai înalţi şi aveţi cel puţin... douăzeci de ani? Cu alte cuvinte, nu luaţi personal strigătele şi răspunsurile obraznice ale Madelinei şi nu vă simţiţi câtuşi de puţin ameninţaţi de furtuna de emoţii a fetiţei voastre. Priviţi acest comportament ca fiind o testare firească a limitelor şi detaşaţi-vă de el.

Iată câteva sugestii pentru situația descrisă de tine, cea în care fetița încerca să-și scoată bunicul din baie.

Se pare că ai început să te enervezi un pic când Madeline îl zorea pe bietul bunic să iasă din baie, dar ai încercat să-ţi păstrezi calmul. Cum a fost tonul tău, ce părere ai? Ai părut calmă și netulburată?

Fă un pas înapoi. Într-un fel, nu e ceva drăguţ faptul că această fetiţă mică și poruncitoare își dorește atât de tare ca bunicul să fie lângă ea și se crede atât de puternică încât să-l scoată din baie? Știu că eu aș fi flatată dacă ar fi nepoţica mea. Deci, dacă aș fi în locul tău, aș spune pe un ton lejer: „Cineva chiar îl vrea pe bunicul! Madeline, cred că s-ar putea ca bunicul să te fi auzit... și s-ar putea să mai aibă nevoie de un minut sau două". Și m-aș opri aici.

În plus, bunicul nu poate să se descurce și singur?

Când Madeline te-a lovit cu jucăria (ceea ce probabil că nu s-ar fi întâmplat dacă n-ar fi simţit că ești supărată din cauza bunicului), reacţia ta a stârnit-o pe fetiță să apese pe buton în continuare. Ar fi fost ideal să o fi oprit înainte să te lovească. E în regulă să spui „Au!" și „Mă doare" dacă nu pari prea afectată de asta. Dar s-ar putea ca tu să fi luat purtarea ei un pic prea personal când ai adăugat „Nu-mi place asta".

Mă crezi sau nu, aceste câteva cuvinte în plus au fost de ajuns ca să-i dea de înțeles lui Madeline că incidentul minor a avut puterea să te supere, în timp ce ea avea nevoie doar de confirmarea că tu deţii autoritatea şi ai încredere în tine. Aşa că a continuat să te provoace cu răspunsul ei: „Ba da, îţi place!".

Când copiii fac asta este ca şi cum ar spune: „Te descurci cu asta? Te descurci cu mine? Te rog, demonstrează-mi că te poţi descurca uşor cu mine".

Iată alte câteva reacţii lejere (dar nu sarcastice) care dezamorsează aroganţa şi răspunsurile obraznice:

„Ei, cred că nu suntem de acord în privinţa asta".

„Hm, îţi mulţumesc pentru opinie".

„Pari să ai emoţii foarte puternice în legătură cu asta (cu ieşirea bunicului din baie etc.)".

Şi, când ai dubii, ai mereu la dispoziţie o replică: „Interesant".

Aşa că fă un pas înapoi, reacţionează, îngrijorează-te mai puţin şi bucură-te de spiritul fiicei tale!

18.

Încetați să vă mai simțiți amenințați

Când discut cu părinții despre comportamentele cele mai problematice ale copiilor lor, le prezint uneori o imagine care poate oferi o perspectivă concretă asupra unor situații volatile. Am ezitat să o împărtășesc pe *website*-ul meu de teamă să nu fie greșit interpretată. Dar, pentru că atâtor părinți care-mi cer sfatul le este greu în continuare să-și mențină concentrarea și calmul atunci când copiii lor testează limitele și îi provoacă, m-am hotărât să risc și să le împărtășesc și altora cum percep eu comportamentele nedorite. Le numesc *crizele ursulețului de pluș*.

Știu, ursuleții de pluș sunt obiecte; bebelușii cu siguranță nu sunt. Am să vă explic, dar, mai întâi, o scurtă contextualizare.

Copiii noștri se nasc intuitivi, la fel de prezenți ca noi, așa că este treaba noastră să clădim cu ei relații oneste, afectuoase, pline de respect și iubire necondiționată.

Şi totuşi, toţi copiii prezintă comportamente impulsive şi iraţionale, în special în anumite perioade ale dezvoltării lor în care trebuie să ne opună rezistenţă ca să-şi testeze aripile (cum ar fi anii copilăriei mici şi adolescenţa). Cum să procedăm pentru a respecta mica persoană atunci când este atât de lipsită de respect, ne face rău şi este de-a dreptul nepoliticoasă?

Unii adulți cred că micuţii nu sunt altceva decât nişte animale fără judecată (iar acest lucru ar explica genul de sfaturi pentru „îmblânzirea bebeluşului", care includ distragerea atenţiei, trucurile, dulciurile oferite ca recompensă şi alte intervenţii manipulatoare). Putem foarte uşor să cădem în capcana de a ne simți jigniţi sau de a ne teme că am dat cumva greş cu copilul nostru, că noi nu l-am învăţat să se poarte corespunzător şi să-i respecte pe ceilalți.

Pentru că simțim furie, frustrare, frică sau vinovăţie, este foarte posibil să reacţionăm într-un mod care, din păcate, creează un comportament şi mai provocator. Într-adevăr, atunci când copiii noştri ne testează în mod repetat, acest lucru este cel mai adesea *rezultatul direct* al reacţiilor noastre anterioare. De aceea este important să rămânem calmi şi concentraţi. Foarte important.

Cea mai uşoară şi sigură cale de a ne calma este să punem lucrurile în perspectivă. Să ne amintim nouă înşine că micuţul care ţipă şi dă din mâini spre noi este o mică persoană care nu a petrecut decât doi ani şi jumătate pe această planetă. Copilul are nevoie ca noi să-i tolerăm țipetele și să-l împiedicăm să ne mai lovească, dar o reacție de furie sau confuzie ar fi cel puțin neliniștitoare pentru el.

Așa că sugerez ca părinții care se confruntă cu „tunetele și fulgerele" unui copil să se gândească la acesta ca și cum ar fi ceva drăgălaș și inofensiv, un ursuleț de pluș.

Crizele ursulețului de pluș includ lovitul cu mâinile sau cu picioarele, mușcatul, țipatul, smiorcăitul, refuzul de a urma indicațiile, rezistența, respingerea, declarația „te urăsc" (în toate formele) și, mai târziu, atitudinea adolescenților morocănoși care te studiază atent la microscop și critică orice faci, orice spui, orice porți. Este normal la vârsta respectivă și cu siguranță poate fi enervant, dar, în esență, este ceva inofensiv. Dacă putem să percepem crizele ursulețului de pluș drept ceea ce sunt și să reacționăm corespunzător la ele, vor fi trecătoare și nu vor progresa către un comportament nepotrivit cronic, periculos sau dăunător.

Crizele ursulețului de pluș sunt stârnite de:

- nevoia siguranței pe care le-o conferă autoritatea noastră blândă;
- stres, foame, epuizare;
- frică, tristețe, furie, frustrare – toate sunt emoții pentru exprimarea cărora copiii noștri au nevoie de noi;

• emoţii provocate de schimbări majore: naşterea unui frăţior, mutarea într-o casă nouă, mersul la şcoală pentru prima oară, transferul şcolar;

• faze şi momente esenţiale ale dezvoltării.

Vârsta de doi ani şi adolescenţa reprezintă perioade tipice pentru crizele ursuleţului de pluş, dar vârstele de patru şi şase ani şi preadolescenţa (începând de la nouă ani) pot fi, de asemenea, perioade în care apar crize ale ursuleţului de pluş.

Crizele ursuleţului de pluş se calmează atunci când noi:

• nu ne simţim ameninţaţi, respirăm, emanăm încredere şi lăsăm lucrurile să treacă;

• le prevenim oricând este posibil (dându-le copiilor locuri sigure pe care să le exploreze fără să fie nevoie să le spunem „Nu“, mai degrabă decât să le dăm acces liber la carioci şi canapele albe);

• stabilim limitele cu calm, cu claritate şi din timp;

• le recunoaştem copiilor toate dorinţele şi emoţiile şi îi încurajăm să şi le exprime („Simţi că trebuie să arunci cu camioanele. Nu pot să-ţi dau voie. E periculos. Uite aici nişte jucării pe care le poţi arunca în siguranţă. Eşti supărat că tăticul trebuie să plece la serviciu? Ţi-e dor uneori de el când pleacă.“);

• le înțelegem nevoile copiilor şi facem tot ceea ce ne stă în puteri să le satisfacem.

A înțelege crizele ursulețului de pluș nu înseamnă sub nici o formă să îi *tratăm* pe copii ca pe niște ursuleți de pluș, obiectificându-i, ignorându-i sau vorbindu-le de sus, superior, sau cu vocișoare drăguțe. Copiii sunt persoane în toată puterea cuvântului care merită în orice moment respectul și autenticitatea noastră.

Cu toate acestea, odată ce crizele ursulețului de pluș s-au potolit, copiii s-ar putea să-și dorească să fie alintați, orice vârstă ar avea.

19.

Nu vă împotriviți exprimării emoțiilor

Iată un adevăr de necontestat în *parenting*: cu cât acceptăm mai mult supărarea copilului, cu atât mai liniștită va fi familia noastră.

Nu există dar mai mare pentru copilul nostru și pentru noi înșine decât acceptarea completă a emoțiilor lui negative (observaţi că nu am spus „a comportamentelor"). Eliminând din descrierea atribuţiilor noastre de părinţi răspunderi cum ar fi „alinarea", „corectarea" și „controlul" emoţiilor copilului și înlocuindu-le cu „acceptarea", „recunoașterea" și „sprijinul" acestor emoţii, atât părintele, cât și copilul vor fi răsplătiţi și eliberaţi.

Poate fi extrem de greu să renunțăm la propriile noastre reacţii și să le permitem cu răbdare copiilor noștri să-și manifeste emoţiile. Totuși, cu cât exersăm, cu atât devine mai ușor. Iar asta ne va ajuta să obținem:

- stabilirea cu succes a limitelor;
- mai puţine conflicte, mai multă pace;
- sănătatea emoţională a copilului nostru;

- încredere reciprocă;
- o legătură puternică;
- o relație bună cu copiii noștri autentici, încrezători în sine, rezistenți.

Jennifer mi-a permis să vă împărtășesc această scrisoare despre „victoria" ei personală:

Bună, Janet,

Vreau să-ți mulțumesc că exiști. Ți-am descoperit blogul în urmă cu câteva luni. Pentru că m-am confruntat cu toate întrebările dificile legate de parenting, *sfaturile și articolele tale au fost o comoară.*

Fiul meu are șapte ani, fiica mea are doi. Am probleme serioase cu fiul meu. L-am făcut adesea să se simtă vinovat ca să obțin ceva de la el, iar acum se vede. A fost ușor să intimidez un copil mic, dar nu merge cu un copil de șapte ani. Am încercat diverse metode și stiluri, dar nimic nu mi s-a părut potrivit. Și iată că am descoperit blogul tău și am găsit în sfârșit ceea ce mi-era necesar!

Dintotdeauna, cartea mea preferată a fost Children are from Heaven[1], *de John Gray. Mi-a plăcut tot ce-am citit acolo, mai puțin recomandarea de a trimite copilul în camera lui. Mi se părea cumva greșit, dar nu știam ce altceva să fac. Este o lașitate să faci față astfel crizelor de nervi ale unui copil, să-l duci în camera lui și să-i închizi pur și simplu ușa... Dar nu mi-a trecut niciodată*

[1] *Copiii sunt din Paradis* (n. tr.).

prin cap să stau lângă el, să-i fiu alături în timpul furtunii. Fiul meu avea obiceiul să explodeze din orice motiv minor, să mă acuze de orice și să-mi arunce vorbe grele. Reacționam și mă implicam imediat și ne înfruntam unul pe altul, țipând și acuzându-ne. Mi se părea mult mai bine să-l trimit în camera lui.

Iar acum încerc toate lucrurile despre care scrii tu și astăzi am obținut prima mea mare victorie. Nu asupra fiului meu, ci asupra mea!

Astăzi am fost calmă și am reușit să-mi mențin starea pe toată durata crizei de nervi. I-am ascultat toate cuvintele grele și i-am spus în mod repetat că e obosit și supărat fiindcă nu l-am lăsat să se uite la desene animate. L-am asigurat că e în regulă să fie furios. Când a încercat să arunce cu lucruri sau să mă lovească, l-am apucat de mâini și i-am spus că nu-i permit.

A durat o eternitate... Dar m-am stăpânit, nu i-am răspuns acuzațiilor și am rămas alături de el.

Interesant este faptul că fiica mea urăște de obicei momentele când eu și fratele ei avem conflicte, dar de data asta era calmă și se juca lângă noi ca și cum nimic nu se întâmpla. Și tocmai când mă gândeam că nu funcționează, fiul meu m-a îmbrățișat și mi-a spus: „Îmi pare rău, mami, nu vreau să ne mai certăm. Te rog să mă ierți".

Am câștigat această luptă cu mine însămi și de acum îmi va fi mai ușor. Știu că funcționează și știu ce am de făcut. Nu a fost simplu, dar a meritat.

Îţi mulţumesc atât de mult, Janet! Fiul meu nu este un copil mic, dar sper că voi putea depăşi problemele pe care le-am creat mai demult… Avem noroc cu oameni ca tine. Îţi mulţumesc că exişti!

Cu sinceritate,

Jennifer

20.

Puterea vindecătoare a acceselor de furie

Odată s-a stârnit o adevărată nebunie la ora gustării pe care, în cadrul cursurilor noastre de *parenting* RIE, o oferim atunci când bebelușii se pot deplasa și pot sta singuri în șezut. Participarea la ora gustării este întotdeauna alegerea copiilor, iar ei învață rapid rutina și se bucură de ea.

Le cerem copiilor să stea jos pe podea la măsuța pentru gustare (sau pe scăunele după ce încep să meargă și pot sta la o măsuță ceva mai înaltă). Le cerem să se șteargă pe mâini cu șervețele umede, să-și aleagă bavețica, să mănânce din gustare (banane) cât de mult sau cât de puțin doresc și să rămână așezați până când decid *ei* că au terminat. Îi împiedicăm cu blândețe, dar hotărât, să părăsească masa luând cu ei mâncarea (videoclipul realizat de mine, *Babies with Table Manners,* pe care îl puteți vedea pe YouTube, vă oferă un exemplu).

Copiii din această clasă aveau 12-13 luni și le ofeream gustarea aproape fără nici o problemă de vreo șase săptămâni. Dar cred că în ziua aceea era ceva în aer, pentru că toţi copilaşii testau limitele – se aşezau, apoi săreau în sus şi se căţărau pe mese. Era o rebeliune.

Comportamentul lui Lily era deosebit de energic, ceea ce era foarte neobişnuit pentru ea. Fusese întotdeauna un bebeluş remarcabil de cuminte, liniştit şi graţios.

Lily s-a căţărat iar şi iar pe masă şi a trebuit să fie ajutată să coboare. A-i oferi opţiunea „să se dea jos singură" a devenit rapid inutil, pentru că în mod evident nu era „în firea ei" şi, în plus, planul ei era altul.

„Vrei să te caţări pe masă, dar nu pot să te las. Am să te ajut să te dai jos", am repetat eu de foarte multe ori.

Într-un târziu, mama lui Lily m-a întrebat dacă poate veni să mă ajute, pentru că îmi era imposibil să îi ajut pe ceilalţi copii în timp ce Lily continua să sară pe masă.

Îmi dădeam seama că mama lui Lily era perplexă şi îngrijorată. „Hm, poate că e derutată pentru că acasă stă pe un scăunel lângă sora ei", mi-a sugerat ea.

Având deodată îndoieli în privinţa mea, m-am gândit o clipă la acest lucru. Ar putea oare fetiţa să confunde masa cu un scăunel? Nu părea posibil. Lily era prea inteligentă pentru asta.

Când mama lui Lily a preluat controlul împiedicând-o să se mai urce pe masă, fetiţa a devenit din ce în ce mai supărată, a început să ţipe, să plângă, făcând o criză în toată regula. Am văzut că asta a descumpănit-o pe mama ei. Am întrebat-o: „S-a mai purtat așa până acum?". A spus că nu și mi s-a părut îngrijorată. Am simţit că mama se gândea că Lily chiar voia ceva de mâncare. Poate spera că voi schimba regulile, că am să-i permit fetiței să mănânce cocoțată pe masă. Gândul să fac asta mi-a trecut, cu siguranță, prin minte. Mă îndoiam serios de mine însămi.

După aproximativ cinci minute de plâns intens și de zbucium, Lily s-a calmat, în sfârșit, s-a așezat lângă mama ei, apoi a început să se joace, fără să fi mușcat măcar o dată din banană.

Cu toate că Lily părea să fie bine, eu încă nu mă simţeam în largul meu, pentru că știam că mama lui Lily era tulburată de acest episod. Apoi, câteva minute mai târziu, ea și-a dat seama: „A fost familia în vizită la noi în ultimele cinci săptămâni... Ne-am simţit bine, dar ne-am ieșit din rutină și a fost stresant. Poate că..."

Aha! Așadar, poate că Lily cea drăguță și liniștită simțea niște emoții copleșitoare, reprimate până atunci, de care avea nevoie să se elibereze, iar mediul terapeutic în care „toate emoțiile sunt binevenite" de la cursurile RIE i-a permis să o facă.

Copiii mici sunt genii în ale auto-vindecării. Aţi observat? Uneori, accesele lor de furie sunt expresia unui disconfort imediat, cum ar fi oboseala sau foamea. Totuși, în alte situaţii, au o acumulare de emoții reprimate și vor testa limitele în mod deliberat și (aparent) nerezonabil, pentru ca noi să ne menţinem poziţia fermă. Asta deschide valva de evacuare de care copiii au nevoie ca să se elibereze de emoţii. Dar acest proces poate funcţiona pentru ei numai atunci când suntem capabili să stabilim şi să menţinem limitele şi să le acceptăm curajos emoţiile.

Experienţele precum cea cu Lily îmi întăresc ideea că trebuie să avem încredere în abilităţile de auto-vindecare ale copiilor noştri şi să ştim că toate emoţiile lor sunt perfecte.

Săptămâna următoare, Lily a făcut un lucru pe care nu-l făcuse niciodată în clasă. Imediat ce a intrat în sală, s-a târât direct spre mine şi şi-a pus capul în poala mea. După dezastrul de săptămâna trecută, părea să-mi spună „Mulţumesc“ sau „Îmi pare rău“. Cred însă că era „Mulţumesc“.

21.

Adaptarea copilului tău la venirea pe lume a unui nou-născut

Abia aterizasem pe Aeroportul Internaţional Los Angeles şi aşteptam să-mi ridic bagajele de pe banda rulantă când am auzit un schimb furios de cuvinte. M-am întors spre banda rulantă alăturată şi am văzut o fetiţă de trei sau patru ani îmbrăcată într-un costum de călătorie colorat – colanţi cu desene în culori vii, un tricou la modă şi ochelari de soare din plastic roz, ca ai vedetelor de film. Părea să scotocească după ceva în rucsăcelul ei cu buline, în timp ce tatăl se uita urât la ea şi îi spunea cu mânie: „*Fii drăguţă*. Fii drăguţă cu surioara ta!".

Câţiva metri mai încolo stătea mama ei, care se uita şi ea urât, ţinând-o în braţe pe surioara mai mică (aproximativ un an). Fetiţa îşi păstra calmul, dar evita privirea părinţilor ei. Părea singură şi vulnerabilă, un „copil-problemă" înstrăinat de familie.

Dacă această mini-scenă era una tipică pentru dinamica familiei lor, e de înţeles că fetiţa simţea doar ranchiună faţă de surioara ei.

Nu există ceva care să cutremure mai tare lumea unui copil mic precum venirea pe lume sau iminenta venire pe lume a unui frăţior sau a unei surioare. Schimbările pe care le produce acest eveniment în dinamica familiei – oricât de conştienţi, sensibili şi grijulii ar fi părinţii – sunt întotdeauna profund resimţite de copilul mic, care e cel mai vulnerabil din familie. Evenimentul produce tot felul de modificări comportamentale, inclusiv regresii în dezvoltare, schimbări de dispoziţie şi testări severe ale limitelor.

Când discut cu un părinte în legătură cu o problemă comportamentală gravă sau apărută brusc la un copil mic, pun o grămadă de întrebări şi fac pe detectivul, aflând tot ce se poate despre copilul în cauză şi despre dinamica familiei. Adesea, la un moment dat, ajung să întreb (bănuind că ştiu deja răspunsul): „Au survenit schimbări majore în ultimele luni sau săptămâni?".

De nenumărate ori, răspunsul este: „Păi, avem acasă un nou-născut..." sau „Sunt în al treilea trimestru de sarcină...".

Iată câteva aspecte de ţinut minte în perioada acestei adaptări dificile:

1. Aveţi aşteptări rezonabile. Oricât de mult şi-ar fi dorit copilul mai mare un frăţior sau o surioară, nu poate să nu simtă acut că pierde din atenţia şi afecţiunea părinţilor. Adesea, copiii simt durere şi tristeţe, uneori furie sau vinovăţie, dar cel mai mult se tem ca nu cumva să piardă dragostea părinţilor lor.

Copleşiţi de amestecul tumultuos de emoţii care pentru copii este aproape imposibil de înţeles (cu atât mai puţin exprimabil), aceştia îşi exteriorizează suferinţa prin comportamente iritante care pot fi uneori şi agresive. Schimbările de dispoziţie pot fi extreme.

S-ar putea ca părinţii pe care i-am văzut în aeroport să fie şocaţi să descopere o latură neplăcută a fetiţei lor, una despre care nu ştiau că există, mai ales dacă se aşteptaseră să fie sora mai mare iubitoare, care-l adoră pe bebeluş şi îi ajută în timpul acestei perioade de acomodare. Asemenea purtări sunt, fireşte, iritante pentru părinți. Și totuși, din moment ce fetița trece printr-o criză emoţională, are nevoie mai mult ca oricând să fie asigurată de empatia și iubirea părinţilor săi.

2. Încurajaţi copilul să-și exprime emoțiile. Există câteva modalităţi importante prin care părinţii îşi pot ajuta copiii să-și exprime emoțiile într-o manieră sănătoasă.

a) Atunci când copilul exagerează cu bebelușul (îl pupă sau îl loveşte cu palma prea tare ori sare în pat lângă el), după ce stabileşte cu calm şi încredere limitele („Nu pot să-ţi dau voie să...“), părintele poate să întrebe pe un ton normal: „Simți că ai vrea să-l lovești pe bebeluş în clipa asta? Te supără prezenţa bebeluşului?

Surorile mai mari simt adeseori asta. Dar am să te ajut să te dai jos din pat. Mi-ar plăcea să stai la mine în braţe ori să sari pe podea lângă mine“.

b) Să aducă vorba pe un ton normal despre emoţiile negative oricât de des este posibil: „E foarte greu uneori să fii sora mai mare. E normal să te înfurii pe bebeluş sau pe mami şi tati, să fii tristă, îngrijorată sau doar supărată fără să ştii de ce. Dacă simţi oricare dintre lucrurile astea, aş vrea să ştiu. O să te înţeleg, o să te iubesc şi o să vreau să te ajut *întotdeauna*“.

Poate că vi se pare lipsit de logică să-i sugeraţi copilului aceste emoţii (nu cumva asta îl va *încuraja* să aibă emoţii negative faţă de bebeluş?). Adevărul este că, acceptând în mod deschis și arătând că înțelegeți emoțiile și gândurile negative ale copilului, îi veţi da posibilitatea de a forma o legătură de iubire adevărată cu bebelușul.

3. Dar de ce să menţionez aspecte negative atunci când copilul meu pare a fi în regulă? Unii copii chiar par să se adapteze liniştiţi la viaţa cu nou-născutul. De ce am proiecta nişte probleme care nu există?

Din punctul meu de vedere, copiii care par mai împăcaţi şi toleranţi cu această mare schimbare din viaţa lor au nevoie de mai multă încurajare să-şi exprime emoțiile negative decât cei care se luptă deschis cu ele. Indiferent cât de pozitivă ar fi o schimbare, există şi elemente de frică şi pierdere. *Pentru toată lumea.* Dacă aceste emoţii nu sunt exprimate, ele sunt interiorizate. S-ar putea să aveţi un copil care se poartă frumos, dar există riscuri mari să sufere înăuntrul lui.

4. Evitaţi comentariile care induc vinovăţia. Când părinţii aşteaptă bebeluşul numărul doi, prietenii şi rudele vor comenta adeseori în faţa fetiţei familiei: „O, pariez că abia aştepţi să fii surioara mai mare!". Dar fetiţei a început deja să-i treacă prin cap că a fi „sora mai mare" nu-i aşa grozav cum susţine toată lumea. Copiii aflaţi în această situaţie simt că atenţia tuturor s-a îndreptat în altă parte. Viitorul li se pare nesigur şi cred că lucrurile se vor înrăutăţi şi mai tare. Au nevoie de cineva care să le înţeleagă suferinţa şi care să le poată da asigurări că emoţiile lor amestecate (cu precădere cele negative) sunt perfect justificate, altfel este foarte probabil să le reprime.

5. Nu judecaţi. Încă o dată, este vorba de ajustarea propriilor noastre aşteptări şi de înţelegerea faptului că purtările care ne deranjează sunt rezultatul suferinţei şi confuziei copilului nostru.

Când spunem despre un comportament că „e urât", „rău" sau „obraznic", cei mici iau adesea personal aceste judecăţi. Nu doar comportamentul lor este rău – *ei* sunt răi. Când oamenii în care au încredere şi de care au nevoie cel mai mult pe lume le spun genul acesta de lucruri, copiii îi cred şi resimt asta ca pe o profundă respingere.

6. Minimalizaţi tensiunea obişnuindu-vă să nu vă agitaţi pentru nimicuri. Al doilea copil se naşte într-un mediu foarte diferit de cel al fratelui sau surorii sale. Pentru bebeluş e incitant să aibă un frate sau o soră mai mare. Deci, pe cât posibil, lăsaţi-i să interacţioneze. Lăsaţi-i să fie mai zgomotoşi şi mai haotici şi permiteţi mai multe întreruperi în timpul de joacă al bebeluşului. Lăsaţi copilul mai mare să-i ia jucăria bebeluşului atunci când „se joacă împreună" atât timp cât nu e nici un pericol din punct de vedere fizic. Înţelegeţi că acest impuls este unul puternic şi că simbolizează rivalitatea pe care o simte copilul mai mare.

Pe majoritatea bebeluşilor nu îi deranjează că li se iau jucăriile dacă nu le iau părinţii lor. De fapt, este felul lor de a se juca cu alţi copii. Cu cât vă veţi concentra mai puţin asupra acestor comportamente inofensive, cu atât copilul mai mare se va simţi mai puţin obligat să le repete.

7. Înţelegeţi nevoia de încredere şi autonomie a copilului vostru. Cereţi-i ajutorul ori de câte ori este posibil, în special în privinţa îngrijirii bebeluşului. Când emoţiile copiilor scapă de sub control, oportunităţile de a se simţi autonomi au un efect de calmare. Dar să nu fiţi dezamăgiţi dacă vă refuză, pentru că a spune „Nu" este pentru ei o formă de a se simţi autonomi.

8. Petreceţi timp doar cu copilul mai mare. Perioadele de timp petrecute numai cu copilul vostru reprezintă o necesitate. Şi pentru bebeluş, şi pentru copilul mai mare, este vorba de calitate, nu de cantitate.

Trebuie să vă faceţi timp cel puţin douăzeci de minute pe zi în care să fiţi complet prezenţi şi concentraţi asupra copilului mai mare (de exemplu, încercaţi să culcaţi mai devreme bebeluşul). În timpul zilei, atunci când trebuie să vă concentraţi asupra bebeluşului şi copilul mai mare se agită, puteţi recunoaşte cu calm: „Văd cât e de supărător pentru tine că îl hrănesc pe bebeluş. Chiar ţi-e greu, ştiu asta. Abia aştept să stăm numai noi doi diseară, după ce adoarme bebeluşul. Gândeşte-te ce ţi-ar plăcea să facem împreună".

9. Încurajaţi jocul independent al bebeluşului. Un bebeluş care se poate juca de unul singur este o binecuvântare şi mai mare când e al doilea copil în familie, pentru că jocul său independent le creează părinţilor oportunităţi să fie disponibili pentru copilul mai mare fără a-l avea mereu între ei pe cel mic.

Puneţi-i la dispoziţie un spaţiu de joacă sigur, împrejmuit (pătuţul sau un ţarc sunt suficiente în primele luni de viaţă), în aşa fel încât bebeluşul să nu aibă nevoie de supraveghere constantă. Spaţiul de joacă securizat reprezintă şi o limită pentru copilul mai mare, pentru că impulsul de a-şi testa părinţii deranjând bebeluşul poate fi unul puternic.

10. Respectaţi nevoia constantă a copiilor voştri de limite şi de părinţi calmi care sunt de partea lui. Cu toate că epuizarea extremă şi vinovăţia ne pot face să o lăsăm mai uşor cu limitele în această perioadă de tranziţie şi tumult emoţional, copiii noştri au nevoie mai mult ca oricând de dragoste şi de senzaţia de siguranţă oferită de limitele noastre.

Au nevoie de noi să le reamintim pe un ton normal lucruri ca: „Nu vreau să pui mâna pe bebeluş când eşti agitat"; opţiuni ca: „Poţi să stai cuminte lângă mine cât îl culc pe bebeluş sau poţi să te duci să te joci în cealaltă cameră". Uneori copiii pot avea nevoie să intervenim ţinându-i uşor, dar ferm, sau îndepărtându-i de acolo.

Cel mai important, vor avea nevoie ca noi să intervenim cu mult înainte să ne pierdem cumpătul sau să spunem că „nu-i frumos ce fac" – şi asta cu toată încrederea, cu tot calmul, cu toată răbdarea şi empatia de care suntem în stare.

22.

Greșeli obișnuite în disciplinare

Precizare: În variata și adeseori controversata lume a sfaturilor de parenting, *greșeala unui părinte este practica ideală a altuia.*

Deci, pentru clarificare, modul în care definesc „greşeala" trebuie înţeles în contextul obiectivelor de *parenting* spre care aspir eu personal şi se bazează pe experienţa mea de lucru cu părinţii şi cu copiii mici în ultimii douăzeci de ani. Le consider greşeli pentru că, indiferent dacă par sau nu să funcţioneze pe moment, ele pot submina scopul final al majorității părinților – o relaţie de dragoste şi încredere cu copilul nostru.

Cuvântul „disciplinare" este o greșeală în sine, fiindcă implică ideea de „pedeapsă" pentru cei mai mulţi dintre noi, şi, conform primei definiţii din *Dicţionarul Oxford*, cele două merg mână în mână: *„Practica de a deprinde oamenii să respecte regulile sau un cod de comportament, folosind pedeapsa pentru a corecta nesupunerea"*.

Din moment ce consider pedeapsa cea mai mare greşeală în procesul de disciplinare, renunţ la sensul oferit de Oxford şi merg pe definiţia dată de Magda Gerber în *Dear Parent: Caring for Infants with Respect*: „Îndrumare care dezvoltă autocontrolul şi caracterul".

Această definiţie este mai apropiată de originea cuvântului, latinescul *disciplina*, care înseamnă „instruire, cunoaştere".

Aşadar, disciplinarea reprezintă educarea copiilor noştri pentru a înţelege comportamentul adecvat, valorile şi modul în care să-şi controleze impulsurile. Iată câteva metode didactice şi practici greşite care fie educă necorespunzător, fie stau în calea educaţiei:

Pedepsele. Există câteva motive pentru care pedepsele (inclusiv plesnitul la fund, trimisul copilului în camera lui şi „consecinţele", atunci când sunt folosite represiv) reprezintă greşeli. Cel mai important este că acei copii care sunt educaţi cu ajutorul suferinţei fizice sau emoţionale tind să înceteze să aibă încredere în noi şi în ei înşişi. Să te aştepţi ca o fiinţă umană aflată în stadiul cel mai vulnerabil de dezvoltare să înveţe prin durere şi ruşine (când nişte adulţi nu ar face-o niciodată) nu prea are sens, nu-i aşa? V-aţi putea imagina că vă înscrieţi la un curs la facultate şi sunteţi plesniţi la fund sau daţi afară din clasă pentru că nu învăţaţi suficient de rapid?

Chiar dacă pedepsele nu ar avea efecte negative pe termen lung, adevărul este că nu funcţionează.

Legătura de iubire şi încredere pe care o au copiii noştri cu noi este cea care îi face să ne urmeze exemplul şi să ne interiorizeze valorile. Ei simt că *vor* să facă asta pentru noi. Dacă erodăm această relaţie, educarea va deveni o luptă între noi şi ei.

Etichetarea copilului ca fiind „rău", nu o persoană care are nevoie de ajutor. Într-una dintre clasele mele de îndrumare pentru părinţi şi copii mici am avut un copil care putea fi considerat „rău". Era tentat să testeze limitele, probabil pentru că mama lui blândă, care îl adora, nu reuşea mai deloc să i le impună cu încredere în sine. Ea recunoştea că purtarea lui o făcea să-şi piardă orice siguranţă. Acest lucru, la rândul lui, îl făcea şi pe copil să se simtă nesigur, iar comportamentul exagerat era modul lui de a-i arăta asta.

În unele zile trebuia să-l urmăresc pe băiat cu mult calm, ţinându-mă după el ca o umbră, ca să nu-i împingă sau să nu-i trântească pe ceilalţi copii între 18 şi 24 de luni. Îi opream cu mâna gestul agresiv şi îi spuneam pe un ton normal: „N-am să te las să-l împingi" sau îl înlăturam cu blândeţe de lângă copilul pe care îl trântea şi îi spuneam: „E un gest prea dur".

Nu avea nici un sens să-i reamintesc să-i atingă uşor pe alţii (de fapt, chiar ar fi fost o insultă adusă inteligenţei lui). Ştia *exact* ce înseamnă „uşor" şi alegea în mod evident să facă altfel.

Ceea ce-l întrebam adesea era: „Treci printr-o perioadă grea astăzi?"

„Da", îmi răspundea el puţin nostalgic, cu o urmă de zâmbet pe faţă şi recunoştinţă în priviri. Această simplă recunoaştere din partea mea şi stabilirea calmă şi consecventă a limitelor îi atenuau, de obicei, comportamentul.

Reacţia adulţilor care nu înţeleg strigătul de ajutor. Copiii mici adoră să fie înţeleşi. Ei trebuie să ştie că profesorii lor de disciplină sunt calmi, netulburaţi şi înţelegători, nu întorşi pe dos sau supăraţi din cauza comportamentului lor.

În timp, am ajuns să înţeleg comportamentele nepotrivite ale copiilor. Nu sunt rele în mod intenţionat, nici nu sunt o cale de a-i supăra pe părinţi. Sunt un strigăt de ajutor.

Ajută-mă, sunt obosit.

Ajută-mă, mi-a scăzut glicemia.

Ajută-mă să încetez să mai dau în prietenii mei.

Ajută-mă să încetez să te mai enervez sau să te înfurii. (Mai bine opreşte-mă înainte să te provoc.)

Ajută-mă păstrându-ţi calmul ca să pot simţi că eşti în stare să ai grijă de mine.

Ajută-mă arătându-mi empatie, ca să ştiu că încă mă înţelegi şi mă iubeşti.

Ajută-mă să scap de aceste imbolduri şi distrageri şi să fiu din nou jucăuş, voios şi liber.

23.

Cum stabilești limite fără să ridici vocea

În capitolul anterior am explicat de ce pedepsele și etichetarea comportamentului inadecvat al copilului ca fiind „rău“ subminează educarea eficientă și respectuoasă.

În următorul schimb de e-mail-uri discut cu Lauren (mama unui copil de vârstă mică) despre alte greșeli comune în educare:

• obiceiul de a striga la copil;

• faptul că părintele nu stabilește din timp limitele (ceea ce duce adesea la strigăte sau, cel puțin, la impulsul de a striga);

• faptul că părintele nu pune în practică ceea ce spune (iar asta poate duce, de asemenea, la strigăte).

Dragă Janet,

Îți citesc blogul de aproximativ un an și am descoperit că principiile RIE îmi sunt indispensabile în relația cu fiica mea. Sunt o mamă casnică și e incredibil cât de bune sunt zilele noastre când sunt în stare să-mi păstrez o figură calmă și un ton detașat atunci când impun limite.

Problema mea este că nu sunt prea bună la asta. Uneori devin pur și simplu atât de frustrată de pretențiile constante ale fetiței mele în vârstă de doi ani și jumătate, încât ajung să strig la ea.

Întrebarea mea este dacă ai vreun sfat cu privire la modul în care aș putea să rămân calmă și consecventă. Cred deja foarte mult în metodă, dar am nevoie de ceva care să mă ajute să-mi controlez frustrarea de moment.

Cu toate că știu că este complet nerezonabil să mă aștept ca fiica mea să-și dea seama când a întins coarda suficient de mult, îmi vine să-i spun ceva de genul: „Hai, gata, puștoaico, am folosit de câteva ori tonul respectuos-dar-ferm, dar de data asta nu e de joacă!".

Însă interesant e că, atunci când merge – ceea ce se întâmplă în majoritatea timpului –, merge chiar foarte bine. Mi se pare că ar trebui să fie un stimulent suficient pentru mine, dar în continuare mi-e greu. Sunt sigură că dacă aș primi această întrebare de la un alt părinte aș ști exact ce să-i spun. Totuși, nu mi-e ușor să pun în aplicare metoda cu consecvență atunci când lucrurile se complică. Ai vreun sfat pentru mine?

Îți mulțumesc din suflet,

Lauren

Bună, Lauren,

Doi ani și jumătate e o vârstă la care copiii au multe pretenții, dar „pretențiile constante“ reprezintă un indiciu pentru mine că există ceva ce o tulbură pe fiica ta în dinamica dintre tine și ea. Nu ar trebui să existe pretenții constante. Dar dacă ea simte că te enervează și că îți poate provoca o reacție puternică (țipete și frustrare din partea ta etc.), va fi tentată să aibă și mai multe pretenții.

În grabă,

Janet.

Mulțumesc, Janet. Cu siguranță că simte când mă enervează, este foarte adevărat. Nu cred că am caracterizat corect situația descriindu-i pretențiile ca fiind constante.

Se descurcă foarte bine să se joace de una singură, iar noi facem tot ce putem ca să-i stimulăm independența și să o lăsăm să preia controlul. De exemplu, tocmai a învățat să deschidă singură ușa cu plasă contra insectelor. Cred că este grozav, pentru că avem în spate o curte îngrădită și se poate juca acolo în siguranță cât timp dorește.

Îți dau un exemplu de comportament care mă enervează: acum, că poate deschide ușa cu plasă, o apucă uneori un acces de aruncat lucruri afară și nu se oprește până când nu încuiem ușa. Indiferent dacă îi spunem cu calm „Nu-ți dau voie să faci asta“, continuă să o facă, nu se oprește... Nu vreau să încui ușa ca limită artificială. Vreau să facă așa cum îi spun eu.

Cred că vreau (și știu că e o așteptare complet nerealistă) ca ea să înțeleagă ce eforturi depunem ca să fim niște părinți respectuoși, ca să-i dăm câtă libertate și autonomie poate ea primi și să ne acorde prezumția de nevinovăție și respectul ei atunci când îi spunem „Nu". Când face ostentativ ceva despre care i-am spus frumos că nu are voie să facă, acest lucru mi se pare supărător și lipsit de respect față de mine și am mari dificultăți în a nu o lua personal.

Mi-ar plăcea să-mi perfecționez abilitatea de a-i spune, după o singură avertizare, doar atât: „Am să încui ușa pentru că ți-e greu să nu arunci lucrurile din casă" și apoi să mă ridic cu calm și să fac asta.

Cred că problema mea, acum, că vorbesc despre ea, este că îi ofer prea multe ocazii, mai multe decât pot îndura eu, să se supună de bunăvoie. În eforturile mele de a-i da prilejul să aleagă să facă așa cum îi cer, ajung să mă forțez pe mine însămi mai mult decât pot suporta.

Așadar, care ar fi cea mai bună cale pentru a-i da o șansă de a decide și a o face să se supună de bunăvoie, fără intervenția mea pentru a-i reaminti limitele?

Bună, Lauren,

Da! Ți-ai răspuns singură la întrebare: *Mi-ar plăcea să-mi perfecționez abilitatea de a-i spune, după o singură avertizare, doar atât: „Am să încui ușa pentru că ți-e greu să nu arunci lucrurile din casă" și apoi să mă ridic cu calm și să fac asta.*

Cred că problema mea, acum, că vorbesc despre ea, este că îi ofer prea multe ocazii, mai multe decât pot îndura eu, să se supună de bunăvoie. În eforturile mele de a-i da prilejul să aleagă să facă așa cum îi cer, ajung să mă forțez pe mine însămi mai mult decât pot suporta.

Mi se pare că aştepţi prea multe de la fetița ta și că înţelegi greșit de ce se poartă inadecvat. Da, poate înţelege ce vrei, dar nu, nu poate să fie de acord și să se supună în tăcere numai din respect. Nu este ceva personal – e vorba despre un stadiu de dezvoltare.

O tendință vitală a dezvoltării ei în acest moment este să-și testeze puterea și voința, asigurându-se în același timp că are părinţi bine pregătiţi să-i înfrâneze această putere. Copiii mici fac asta opunându-ne rezistenţă. Nu-și pot explora propria voinţă spunând: „Da, mamă, am să fac cum spui tu". Așadar, sfidarea la această vârstă e normală și sănătoasă.

Cu toate acestea, este deconcertant și chiar înspăimântător pentru copiii mici să se simtă prea puternici, suficient de puternici încât să-i enerveze pe părinți și să-i neliniştească sau să-i înfurie. E derutant pentru ei să se simtă suficient de puternici încât să ia decizii dificile (cum ar fi când să renunţe la ce vor, să urmeze indicaţiile unui părinte, încetând să mai arunce cu jucăriile). Pentru copiii mici, a se simţi prea puternici înseamnă a se simţi lipsiţi de grija noastră, de care sunt extrem de conştienţi că au nevoie.

Fiica ta își dorește și are nevoie ca tu să faci ceea ce spui, adică să te ridici și să încui ușa. Apoi, dacă are emoţii în această privinţă, acceptă-i-le și recunoaște-i-le. Ea are nevoie să intervii cu calm și să o educi părintește *cu mult înainte* să te înfurii. Dacă te enervezi, asta înseamnă că îi dai prea multe şanse şi opţiuni. Copilul îţi dă clar de înţeles că are nevoie de ajutorul tău.

Mă gândesc și că s-ar putea să-ţi comunice că e obosită, îi este foame sau are nevoie să se elibereze de unele emoţii înăbușite. Dar un lucru e sigur: îţi cere să impui o limită pe care să i-o oferi cu calm și respect ca să se poată simţi din nou în siguranţă înconjurată de dragostea și grija ta.

Eu m-aş apropia suficient de mult ca să o pot privi în ochi și i-aş spune o dată politicos să nu mai arunce lucrurile („Te rog să-ţi ţii jucăriile în casă") și apoi i-aş spune: „Arunci jucăriile chiar dacă ţi-am spus să nu o faci. Am să încui uşa". S-ar putea să protesteze sau chiar să facă o criză, dar va răsufla uşurată în sinea ei. *Mami m-a oprit înainte să se enerveze. Pare încrezătoare că poate avea grijă de mine.*

Să ai grijă de tine și de copilul tău – să îţi prioritizezi relaţia cu el – este scopul suprem al *parenting*-ului reușit și un lucru de care să te simţi extrem de mândră.

Copiii nu vor să fie considerați deranjanți, frustranți sau enervanți și nu merită resentimentele noastre. Dar numai *noi* putem stabili limitele necesare (și asta suficient de timpuriu) pentru a împiedica aceste resentimente să se acumuleze și să ne otrăvească relația.

Sper că această perspectivă te va încuraja să rămâi calmă și consecventă.

Cu căldură,

Janet

24.

Adevărul despre consecințe

Atunci când navigăm într-o zonă atât de problematică a *parenting*-ului cum este disciplinarea, poate fi util să ne verificăm ocazional punându-ne următoarea întrebare: care sunt obiectivele noastre supreme ca părinţi?

Dacă obiectivul nostru principal este o legătură durabilă cu copiii noştri, atunci expresii repetate cum ar fi „să-l fac să înţeleagă", „să-i bag în cap chestia asta" sau chiar *„să-l determin* să facă un lucru sau altul" sunt semnale clare că am deraiat.

Nu este o strategie bună să încercăm să ne manipulăm copiii. Asta ne va submina permanent, pentru că va crea o relaţie noi-împotriva-lor în locul parteneriatului pozitiv de care copiii au nevoie pentru a fi îndrumaţi eficient.

Deşi consecinţele chiar joacă un rol semnificativ în disciplinarea respectuoasă (aşa cum voi explica mai jos), acestea nu funcţionează în următoarele cazuri.

Când consecinţele sunt doar un termen elegant pentru pedepse. Pedepsele pot reuşi uneori să împiedice comportamente nedorite, cu toate că foarte adesea părinţii descoperă că pedepsele duc la şi mai multe ocazii de a pedepsi copilul. Pedepsele sunt nişte „profesori“ nepotriviţi, pentru că ele nu învaţă, nici nu îndrumă copilul către un comportament *pozitiv*.

Pot avea, de asemenea, urmări nefericite, neintenţionate. Pedepsele îi pot face pe copii să interiorizeze ruşinea şi furia, pot crea distanţă, izolare şi lipsă de încredere. Pedepsele severe sau cele fizice pot crea frică, mânie, neajutorare şi lipsă de speranţă.

Studiile fascinante despre bebeluşi şi morală ale psihologului Paul Bloom arată că până şi nou-născuţii au o înţelegere primară a dreptăţii. O consecinţă respectuoasă li se va părea dreaptă copiilor noştri. Ceea ce nu înseamnă că nu vor obiecta – probabil că o vor face – şi că dezacordul trebuie acceptat şi recunoscut. Atunci când copiii noştri simt sinceritatea şi dreptatea felului în care îi tratăm, încrederea dintre noi şi ei rămâne intactă şi, adeseori, chiar se întăreşte.

Pedepsele par meschine pentru că aşa şi sunt. Este acesta un aspect al personalităţii noastre pe care ne-am dori să îl copieze copiii noştri?

Când consecinţele nu au legătură cu situaţia şi/sau sunt aplicate prea târziu după faptă. Unul dintre lucrurile care ne inspiră cel mai mult din ceea ce fac copiii este faptul că ei trăiesc clipa. Trec mai departe *atât de ușor*. Și cu cât este copilul mai mic, cu atât va uita imediat şi nu va putea face legătura între acţiunea lui și consecinţa stabilită de noi. Așa că, atunci când stabilim limite în orice privinţă cu copiii noștri, trebuie să o facem imediat şi să trecem şi noi mai departe, fără îmbufnare, fără nervi sau resentimente.

Dacă ne-am fi gândit puţin înainte, am fi putut evita sau preveni situaţia creând o graniţă sau fixând o limită. Copiii mai mari trebuie să poată să-şi protejeze jocurile (pe o măsuţă înaltă, de exemplu) ca să nu poată fi distruse de bebeluşi şi copii mici, care nu sunt interesaţi decât de explorare şi testare. Nu este corect faţă de nici unul dintre copii ca părinţii să lase să se întâmple un incident distructiv dacă există posibilitatea de a-l preveni.

Când consecinţele includ scuze forţate sau alte gesturi neautentice. A-l forţa pe copil să-şi ceară scuze sau să se prefacă stânjenit de purtarea lui îl învaţă multe lucruri neproductive: *Să nu ai încredere în sentimentele tale adevărate, prefă-te că simţi ceva ca să-i mulţumeşti pe adulţi, foloseşte „Îmi pare rău" ca scuză, fii fals* etc.

Consecinţele sunt eficiente, respectuoase şi clădesc relaţii autentice în următoarele cazuri.

1. Când sunt alegeri logice, rezonabile, potrivite vârstei. „Nu pot să-ţi dau voie să arunci cuburile spre fereastră... Ţi-e greu să nu le arunci. Poţi să le arunci pe covor sau în coş sau va trebui să ţi le iau deocamdată. Mulţumesc că m-ai anunţat că ai nevoie de ajutor. Voi lua cuburile de aici."

2. Când sunt exprimate cu blândeţe şi încredere (şi nu ca o ameninţare). Pentru majoritatea dintre noi, acest lucru înseamnă stabilirea din timp a limitelor, înainte de a ne enerva sau a ne înfuria prea tare.

3. Când sunt combinate cu recunoaşterea punctului de vedere şi a emoţiilor copilului nostru (oricât de nerezonabile ar putea părea). „Voiai să mai stai în parc, dar nu te puteai abţine să nu dai în prietenii tăi, aşa că ţi-am spus că trebuie să plecăm. Îmi dau seama cât eşti de supărat."

4. Când sunt reacţii previzibile, consecvente, elemente ale unei rutine pe care copilul o recunoaşte. „Ai terminat de mâncat? Te-ai ridicat şi asta îmi spune că ai terminat... Bun, te aşezi înapoi, te rog nu te mai ridica până nu termini... O, te-ai ridicat iarăşi, aşa că am să iau mâncarea de aici. Mulţumesc că m-ai anunţat că ai terminat... Eşti supărat că ţi-am luat mâncarea. Nu voiai să fac asta. Înţeleg. Vom mânca din nou în curând."

5. Când sunt o expresie onestă a propriilor noastre limite. În această privință, ajung să fiu în dezacord cu unii dintre susținătorii educării cu blândețe...

O participantă la unul dintre cursurile mele (care era o mamă respectuoasă și afectuoasă, minunată în toate privințele) a asistat la o prelegere susținută de o specialistă cunoscută în domeniul *parenting*-ului făcut cu blândețe. Cea mai mare dificultate a acestei mame este să stabilească limitele cu fermitate. E deosebit de tentată să se îndoiască de sine și să se simtă vinovată atunci când nu e vorba, într-un mod foarte clar, de o situație care ar pune în pericol siguranța copilului.

A întrebat-o pe specialistă despre o experiență pe care a avut-o în timp ce își ducea cu mașina fiica în vârstă de șase ani acasă la o prietenă, ca să se joace împreună. Fetița s-a supărat pe frățiorul ei mai mic și nu se mai oprea din țipat. Mama i-a cerut cu răbdare de câteva ori să se oprească, dar ea a continuat. Mama era la capătul răbdării. A întrebat-o pe specialistă dacă a procedat bine spunându-i fiicei sale că, dacă nu încetează cu țipatul, o să întoarcă mașina și o să meargă înapoi acasă. Răspunsul specialistei a fost „Nu", iar argumentul oferit de ea a fost că drumul înapoi a reprezentat o consecință impusă de părinte.

N-am să vă mint – auzind asta, m-am înfuriat foarte tare. Iată o mamă care are în special nevoie să fie sprijinită să impună limite și să se țină tare și, în loc de asta, este certată pentru că a făcut-o.

Paradoxal, specialitatea acestei consiliere este a-i ajuta pe părinţi să nu mai strige la copii, însă ea ratează o piesă esenţială din acest puzzle: părinţii au nevoie de toată încurajarea din lume ca să aibă grijă de ei înșiși cu calm, sinceritate şi încredere în sine, ca să nu explodeze în faţa copiilor lor. Au nevoie să fie încurajați să întoarcă maşina, să-şi împiedice copiii să scoată din nou din cutie vopsele şi creioane colorate imediat după ce i-au ajutat să le pună la loc, să nu meargă în parc atunci când copilul refuză să se îmbrace. „Ai spus că vrei să mergi în parc astăzi, dar nu vom avea suficient timp dacă nu te îmbraci. Să te ajut?“ Sau: „Încep să fiu foarte obosită, așa că te rog să mă ajuţi și să te speli pe dinţi dacă vrei să citim și a doua carte“. Sau: „Văd că ești foarte dezamăgită că ai lipsit de la joacă, dar nu te mai opreai din ţipat și, sincer, nu am mai putut suporta“.

Diferenţa esenţială dintre consecinţe şi pedepse stă în comunicarea noastră sinceră şi onestă. Nu putem fi părinţi blânzi fără a avea grijă şi de limitele noastre personale... iar consecinţele acestui tip de interacţiune sunt, toate, bune.

25.

Lasă-ți copilul să iasă din încurcătură

Cu primul meu copil, mi-a fost greu să învăţ să recunosc şi să reacţionez eficient la comportamentul lui de testare a limitelor (care a apărut ca din senin cu puţin înainte să împlinească un an).

Un tată cu care am discutat recent mi-a împărtăşit o analogie perfectă care m-a ajutat să înţeleg lupta mea personală şi să conectez anumite elemente.

El şi soţia lui tratau cu sensibilitate pretenţiile şi obiceiul fetiţei lor de a se agăţa de ei şi totuşi comportamentele ei nedorite deveneau tot mai intense şi mai frecvente. I-am spus tatălui că ar trebui să fie mai clari, mai direcţi şi să nu se teamă de emoţiile puternice ale copilului lor, când deodată i-a picat fisa: „O, deci este ca atunci când cineva vrea să-ți dea întâlnire în oraş şi tu nu eşti interesat, dar în loc să-i spui direct, încerci să refuzi subtil... şi atunci persoana nu ajunge să priceapă mesajul".

Bingo! Chiar am rezonat cu analogia respectivă, pentru că aşa eram eu odinioară. Evitam confruntările şi evitam să spun „Nu“. Nu voiam să risc să rănesc sentimentele cuiva sau să fac pe cineva să se supere pe mine. Nu voiam să fiu respinsă, nici măcar atunci când practic eu respingeam acea persoană. Făceam ce trebuia pentru a continua să fiu „plăcută“ și să nu agit spiritele.

Așa că inventam scuze peste scuze în loc să recunosc pur și simplu: „Mulțumesc, dar nu mă interesează să fim împreună“. Invariabil, tipul continua să mă sune (pe vremea aceea nu existau mesaje scrise în spatele cărora să mă ascund, sunt sigură că le-aș fi folosit!) și trebuia să mă eschivez mereu și să-l tot evit. Mă enervam din ce în ce mai tare și aveam resentimente. *Chiar nu pricepe aluzia?* Dar a cui era vina? A mea, desigur.

Putem crea o dinamică similară cu copiii noștri. Practic, noi îi încurajăm să-și continue comportamentul nedorit atunci când nu le vorbim clar și direct, pentru a evita să înfruntăm furtuna. *E de înțeles.* Țipetele, plânsetele și crizele de nervi nu sunt muzică pentru urechile nimănui, dar când încercăm să evităm emoțiile copiilor noștri, comportamentul lor nedorit și nevoia de a se agăța de noi continuă, de obicei (sau reapar mai târziu), și atunci sfârșim prin a striga la ei. Nu e decât vina noastră. Cea mai afectuoasă formă de a spune „Nu“ este cea directă, încrezătoare și comunicată cu mult timp înainte de a ne enerva sau înfuria. Nu e vorba despre asprime și în nici un caz nu este ceva represiv. E vorba, pur și simplu, de a fi hotărâți – *de a proiecta o convingere calmă.*

Cel mai bine este să folosim efectiv cuvântul „Nu“ doar ocazional, pentru că micuţii ajung să-l ignore dacă îl folosim prea des. De asemenea, e mai respectuos şi mai clar să spunem: „Nu-ţi dau voie pentru că mă doare“ sau „Nu-ţi dau voie pentru că poate fi periculos“ sau „Nu pot să mă joc cu tine acum; trebuie să termin de pregătit cina“.

Totuşi, atunci când părinţii şi copiii au dificultăţi pentru că părinţii nu vorbesc suficient de clar şi de direct, îi încurajez pe părinţi să spună „Nu“, împreună cu o explicaţie foarte scurtă. „Nu“ îi poate ajuta pe părinţi (şi, în consecinţă, şi pe copii) să simtă mai clar. Copiii ne vor informa adesea că au nevoie de mai multă claritate continuând comportamentul de testare a limitelor. Trebuie să ştie că vorbim serios şi că ne simţim confortabil să punem în aplicare ce spunem şi să-i oprim.

Nu putem să vorbim clar cu copiii noştri mici dacă nu ne clarificăm nouă înşine ce vrem de la ei. De aceea părinţilor li se pare cel mai uşor să spună „Nu“ în privinţa unor chestiuni legate de siguranţă. O provocare mai mare o reprezintă aspecte mai puţin precise, cum ar fi:

- înţărcarea;
- separări care nu sunt absolut necesare (de exemplu, când vrem să mergem la baie sau în altă parte a casei şi să ne lăsăm copilul în siguranţă într-un loc de joacă);
- orele de somn şi problemele legate de somn (acestea sunt şi mai neclare, pentru că suntem obosiţi şi mecanismele noastre de apărare sunt afectate);

- preferinţa copilului nostru pentru un părinte în timp ce este cu celălalt;
- obiceiul copilului de a trage de timp.

Unei alte mame cu care am discutat recent îi era greu să stabilească limitele cu copilul ei mic, dar mi-a dat un indiciu ca să o ajut când mi-a povestit despre o situaţie care i se păruse întotdeauna foarte clară: insista ca fiul ei să meargă prin parcare doar de mână cu ea.

De fiecare dată când această mamă îmi vorbea despre o situaţie în care ezita (de pildă, când voia ca băiețelul să iasă din cadă şi simţea că trage de timp), îi reaminteam: „E ca atunci când trebuie să-l ţii de mână în parcare". Trebuie să ne exprimăm mereu la fel de clar. Există întotdeauna posibilitatea de a ne răzgândi mai târziu.

Reţineţi şi faptul că micuţii sunt incredibil de conştienţi, extrem de atenţi la părinţii lor şi învaţă tot timpul. Aşa că întrebarea care se pune nu este niciodată „Învaţă ceva?", ci „*Ce anume* învaţă?"

Când nu se simţim în largul nostru sau suntem nesiguri dacă să spunem „Nu" într-o anumită situaţie şi când încercăm să-l linguşim, să-l convingem, să-i facem pe plac, copilul nostru va deveni confuz.

Tot astfel, dacă ne facem griji că micuțul nostru e supărat ca reacție la limitele noastre (fie că păşim în vârful picioarelor sau încercăm să ne consolăm „sărmanul puişor"), copilul nu se simte în largul său.

Când îi tratăm cu mănuşi, copiii se simt slabi şi incapabili, nu sănătoşi şi plini de voinţă, aşa cum trebuie să se simtă copiii mici. Așa că nu au altă șansă decât să continue să joace rolul pe care li l-am atribuit fără să ne dăm seama.

Iar lucrurile pot deveni şi mai neclare, pentru că în timp ce copiii primesc mesaje din partea noastră la fiecare interacţiune, şi noi primim semnale de la ei. Astfel încât ezitarea noastră de a aborda direct momentele problematice le creează copiilor noştri un disconfort pe care și-l pot exprima printr-o nevoie permanentă de atenţie. Apoi temerile noastre se confirmă: vedem un copil fragil, tensionat, care se agață de noi, pe care nu îndrăznim să-l dezamăgim. Și suntem într-un cerc vicios.

Aşa că părinţii sunt invitaţi să fie curajoşi şi să-şi lase copiii să iasă din încurcătură oferindu-le reacţii directe. Trebuie să ne adresăm punctelor tari ale copiilor noştri în loc să ne temem de slăbiciunile lor. Ei merită adevărul. Și îi pot face faţă, dar numai dacă şi noi credem asta.

26.

Cum să fii un lider blând

Libertatea pe care o simţim cu toţii înăuntrul nostru iese la iveală odată ce înţelegem unde ne plasăm în schema tuturor lucrurilor. (Magda Gerber)

O mămică frustrată, epuizată vrea să-şi trateze fetiţa de trei ani cu mai multă blândeţe şi mai puţin coercitiv. În mod paradoxal, ar putea să-şi atingă scopul doar devenind un lider mai puternic.

Janet,

Simt că am dat greş ca părinte.

Am o fiică în vârstă de trei ani care este dificilă în majoritatea zilelor, ca să nu spun mai rău. Zbiară, ţipă, loveşte, ne întrerupe în mod constant, are accese de furie, ne spune „Nu", aruncă jucăriile, refuză să ne asculte... Apoi apar momente însorite când se poartă frumos, ascultă şi este minunată, dar par a fi puţine.

Devin frustrată. Foarte frustrată.

Avem şi un bebeluş de opt luni care îmi solicită atenţia, iar fiica mea urăşte acest lucru. Îmi spune mereu că ***trebuie*** *să am mai întâi grijă de ea, apoi de el. Îl iubește pe frățiorul ei mai mic până când trebuie să-i acord lui atenție.*

Am încercat să o trimitem în camera ei, să-i luăm jucăriile, să o trimitem devreme la culcare, să o plesnim la fund... Tot ceea ce mie mi se pare „normal", pentru că provin dintr-o familie autoritară... dar nu merge. Nimic nu merge. Singurul lucru pe care-l obținem este să facem pe toată lumea să se simtă de rahat.

Casa mea e un haos. Nu numai că fetița mea frumoasă e nefericită, dar se poartă ca și cum ar fi îngrozită de noi pentru că urăște pedepsele... Fiul nostru simte tensiunea și asta-i provoacă probleme. Iar eu mă simt ratată ca părinte.

Știu că probabil ești copleșită de e-mail-uri, dar sper că vei avea ocazia să citești asta și să ajuți o mamă epuizată, pentru că efectiv nu mai știu ce să fac.

Cu sinceritate,

Kelly

Bună, Kelly,

Te rog să mă ierți că mi-a luat atât de mult să-ți răspund. Am răspuns greu tuturor e-mail-urilor în ultimul timp, dar în special celor pentru care nu am răspunsuri simple (cu toate că aceste mesaje vin probabil de la persoanele care au cea mai mare nevoie de un răspuns).

Și dacă tot îți cer scuze... îmi pare rău pentru momentele prin care treci, că te îndoiești de tine și că te descurajezi.

Recunosc că este o provocare pentru mine să pătrund şi să înţeleg dinamica unei familii din puţinele informaţii dintr-un e-mail. Aşa că, atunci când citesc, caut indicii şi apoi încerc să-mi dau seama de ce ies în evidenţă acele aspecte. În scrisoarea ta a fost următorul: *Îmi spune mereu că **trebuie** să am mai întâi grijă de ea, apoi de el.*

Această afirmaţie, împreună cu faptul că e „nefericită" şi că „zbiară, ţipă, loveşte şi aşa mai departe", îmi sugerează că echilibrul de putere dintre tine şi fiica ta s-ar putea să nu fie atât de sănătos pe cât ar trebui. Pare să aibă impresia că îşi poate exercita controlul în zone în care nu ea trebuie să hotărască. Pare neliniștită, iar reacţiile, intervenţiile şi măsurile tale disciplinare par să o neliniștească și mai mult în loc să o calmeze, să împlinească nevoia ei de a-și testa puterea și să o ajute să se simtă în siguranţă, în largul ei și liberă.

Așadar, cum putem ajuta?

Aș începe prin a reitera sfatul Magdei: micuţii au nevoie de lideri blânzi. Trebuie să știe, fără nici un dubiu, că părinţii lor au controlul. S-ar putea să pară un lucru evident, dar e uşor să devii un pic confuz în această zonă, în special cu un copil puternic, inteligent și care te provoacă verbal (am trecut prin asta).

Uneori, reticenţa de a stabili limite clare își are rădăcina în copilăria părintelui crescut într-o familie exagerat de strictă. Poate că există teama de a nu fi prea autoritar şi de a nu repeta modelele de reacţii induse de părinţii noştri – reacţii care ni s-au părut lipsite de afecţiune, separatoare şi chiar abuzive. Sau, uneori, părintele este pur şi simplu lipsit de experienţa stabilirii unor limite sănătoase.

Dar când nu dăm clar de înţeles că suntem liderii afectuoşi ai casei stabilind limite rezonabile şi consecvente şi preluând controlul, copilul resimte acut lipsa noastră de îndrumare.

Mă crezi sau nu, fiica ta nu se simte bine în poziţia de a-ţi spune „*Trebuie* să ai mai întâi grijă de mine" (ceea ce diferă foarte mult de „Vreau să ai mai întâi grijă de mine!"). Nu-şi doreşte puterea pe care o implică afirmația asta. O face să se simtă nesigură și neliniștită că are trei ani şi face asemenea afirmaţii, dar nu este ceva de care să fie perfect conștientă, așa că e dificil și pentru noi să observăm.

Această senzație necontrolată duce la un comportament încă şi mai necontrolat, de aici zbieretele, ţipetele, loviturile etc., care îi fac, la rândul lor, pe părinţi să simtă că nu au control. Și în asemenea situații, în loc să-i îndrumăm pe copii cu încredere, am putea reacţiona cu furie, frustrare şi disperare. Am putea să încercăm să redobândim controlul prin pedepse ca plesnitul şi prin tactici disciplinare ca trimisul copilului în camera lui, care nu au ca rezultat decât o rebeliune şi o lipsă de conectare şi mai mari. Asta ne face să simţim că am dat greş.

Viața de familie este mai ușoară și mai puțin haotică pentru toți atunci când ne știm cu certitudine rolurile. Și cum facem asta?

1. Stabilește limitele cu calm, ferm, cu blândețe și *din timp*. Prin stabilirea din timp a limitelor înțeleg să faci lucrurile cât se poate de clare pentru fiica ta înainte de a începe să-și piardă controlul. Această claritate îi ajută și pe părinți, pentru că limitele bine definite ne fac să simțim că avem situația în mâini și ne împiedică să ajungem la capătul răbdării – să devenim frustrați și furioși și să recurgem la pedepse.

Iată un exemplu. Îi spui fiicei tale: „Mă pregătesc să îl hrănesc și să-l culc pe bebeluș. Voi fi ocupată cu el în următoarea jumătate de oră. Dacă ai nevoie de ceva, pot să-ți dau acum". Apoi, după ce îi dai ceea ce are nevoie (o carte de pe raft, o gustare, orice), dă-i de ales: „Poți să stai cu noi în cameră dacă faci liniște sau poți să te duci să te joci în camera ta". Poți chiar să o întrebi: „Ce ai de gând să faci în camera ta cât sunt ocupată?".

Hai să presupunem că alege să stea cu voi și să tacă, dar nu reușește să facă asta și începe să se smiorcăie. „Știu că ți-e greu să aștepți cât sunt ocupată cu bebelușul, dar am nevoie de ajutorul tău. Vreau să te duci în camera ta și să te joci sau să te uiți pe cărți până când terminăm noi. Apoi o să am timp să stau cu tine."

Apoi, să presupunem că încearcă să dea în tine. O apuci de mână. „Nu îți dau voie să mă lovești. Văd că ești supărată. Poţi să te duci în camera ta și să baţi pernele, dar nu te las să dai în mine."

După cât de puternică pare fiica ta, îmi imaginez că are (și va continua să aibă) reacţii negative intense atunci când îi impui limite. Nu te lăsa afectată de asta. Consideră ţipatul, zbieratul și plânsul niște eliberări sănătoase și pozitive pentru ea. E greu să fii un copilaș mic și este *extrem de greu* să fii sora mai mare și să trebuiască să-ţi împarţi părinţii cu o fiinţă mică, adorabilă, care are mare nevoie de ei. Recunoaște-i emoţiile ori de câte ori e posibil: „Știu că ţi-e greu atunci când sunt ocupată cu bebelușul. E greu și supărător să trebuiască să aștepţi, dar știu că poţi s-o faci".

Încearcă să te relaxezi – sau, cel puţin, să *pari* relaxată – și menţine-ţi calmul chiar și atunci când ea explodează. În cele din urmă, când va ști că vorbești serios și că nu poate să te destabilizeze, se va obișnui să-și găsească altceva de făcut când tu ești ocupată cu bebelușul.

Am trecut printr-o experienţă similară cu fiica mea cea mare, care devenise foarte supărată și categorică după ce am născut al doilea copil. Ea avea patru ani și plângea și urla când aveam nevoie de timp ca să o hrănesc și să o culc pe sora ei, ceea ce îmi lua o oră întreagă. Scenele au durat câteva zile. În final, a descoperit singură că putea petrece timpul respectiv jucându-se în camera ei cu căsuţa pentru păpuși și asta a devenit rutina aleasă de ea în timp ce eu mă concentram asupra surorii ei. N-am nici o îndoială că s-au întâmplat o mulţime de nebunii în căsuţa aceea pentru păpuşi!

2. Recunoaşte-i punctul de vedere şi nu i-l contrazice. Când fiica ta îşi exprimă dezaprobarea faţă de situaţie, în special dacă afirmaţia ei începe cu „trebuie să", recunoaşte cu calm, priveşte dincolo de asta spre ceea ce simte ea, dar nu o contrazice („Ba nu trebuie"), nu negocia, nici nu-i oferi putere în alte moduri. Răspunsul tău scurt poate fi ceva sincer, de genul: „Îţi mulţumesc pentru părere. Uite care-i planul".

Un răspuns mai lung poate merge mai departe în recunoaşterea emoţiilor ei, care, cu un frate nou-născut, pot include furia şi jalea pierderii relaţiei exclusive cu mama. Totuşi, fă-o să priceapă clar că îi înţelegi emoţiile, dar că tu ai controlul. Are nevoie de empatia ta, dar nu de mila aceea de tip „sărmanul puişor" care ne înmoaie în privinţa stabilirii limitelor comportamentale. De fapt, graniţele ferme şi consecvente sunt mult mai importante pentru un copil aflat într-o situaţie de tranziţie.

3. Cere-i ajutorul. Ajut-o să-şi împlinească nevoile sănătoase de autonomie, competenţă şi participare rugând-o să te ajute cu bebeluşul (sau cu orice altceva) oricând e posibil.

4. Oferă-i asigurări, atenţie exclusivă şi recunoştinţă. Dă-i asigurări că toate nevoile ei vor fi împlinite, chiar dacă nu se va întâmpla mereu în clipa pe care o consideră ea perfectă. Şi nu uita să-i oferi momente de atenţie exclusivă pe care să le poată aştepta cu regularitate. Cel mai important, nu uita să-i mulţumeşti pentru *„momentele însorite când se poartă frumos, ascultă şi este minunată"*.

Sper că aceste sugestii o vor ajuta pe fiica ta să înţeleagă că opiniile şi emoţiile ei sunt mereu binevenite şi înţelese, dar că deciziile de familie (ale cui nevoi trebuie îndeplinite şi când) vor fi luate întotdeauna de tine, oricât de mult ar obiecta ea. Acest lucru ar trebui să o liniştească pe ea şi măcar o parte din haosul cu care te confrunţi.

Te rog să mă ţii la curent.

Cu căldură,

Janet

27.

Dacă educarea blândă nu funcționează

Dacă citești această carte pentru că ai luat hotărârea să îndrumi comportamentul copilului tău fără a-l lovi sau pedepsi, te salut – mai ales dacă ai suferit de pe urma pedepselor în copilărie și acum cauți o metodă mai bună.

Stabilirea limitelor fără pedepse funcţionează. De fapt, funcţionează atât de bine, încât îţi vei da seama că trebuie să fixezi din ce în ce mai puţine limite după ce anii copilăriei mici au trecut. Nu e o exagerare. Primesc sute de e-mail-uri de la părinţi entuziasmaţi care îmi împărtășesc poveștile lor de succes.

Aflu și multe lucruri despre ce *nu* funcţionează de la părinţi care cred că practică educarea cu blândeţe. Părinţii îmi împărtășesc povești despre comportamente care au debutat ca o testare minoră a limitelor, dar care au devenit tot mai agresive, distructive, sfidătoare ori intenţionate. Aflu despre copii de cinci ani pretenţioși și poruncitori, preșcolari care își rănesc intenţionat colegii şi copii care par fie fragili, fie furioşi în cea mai mare parte a timpului.

Părinţii se întreabă: *Cum poate copilul meu să se poarte aşa când l-am crescut îndrumându-l cu respect, fără pedepse?*

Mi-am dat seama care ar putea fi răspunsul în timp ce reciteam un articol de pe blogul lui Suchada Eickemeyer, „The Most Valuable Parenting Phrase after «I Love You»"[1]. Expresia-cheie la care se referă ea este „Nu îţi dau voie". Suchada spune: „Această expresie m-a ajutat să devin experta în educare care îmi doresc să fiu: cu autoritate, dar fără asprime; blândă, dar fermă; sinceră, clară şi directă".

Pare să existe o idee generală greşită că educarea blândă, fără pedepse înseamnă evitarea confruntării directe cu copilul în loc de oferirea răspunsului simplu, conectat de care au nevoie copiii atunci când, de exemplu, lovesc câinele. În acest caz, reacţia potrivită ar fi să vă lăsaţi jos pe podea lângă copil, să-l priviţi în ochi şi să-i spuneţi calm: „Nu îţi dau voie să dai în căţel. Îl doare" în timp ce ţineţi copilul de mână sau îi blocaţi altfel o nouă lovitură.

Senzaţia mea este că părinţii complică lucrurile prea mult, posibil din cauza confuziei în privinţa unor termeni folosiţi adesea în domeniul metodelor de

[1] Cea mai valoroasă expresie din *parenting* după „Te iubesc" (n. tr.).

educare, termeni cum ar fi „conectare", „nevoi neîmplinite" și „jucăuș".

Conectare

Da, copiii au nevoie să simtă legătura cu noi pentru ca procesul educării să reușească. Dar cum? Când aud cuvântul „conectare" îmi trec prin minte îmbrățișările, râsul și alergatul împreună prin iarbă, nu o situație în care spun „Nu" și, poate, îl supăr pe cel mic. Legătura formată în timp ce părintele stabilește limitele nu pare una caldă, dar este crucială. Iată două modalități extraordinar de eficiente de conectare:

1. Vorbiți pur și simplu cu copilul. Majoritatea sfaturilor pe care le aud cu privire la stabilirea de limite sugerează exprimări care evită subtil confruntarea directă și ne distanțează, când de fapt ar trebui să ne conectăm. Exemplele verbale sunt de regulă la persoana a treia: „Nu e în regulă să...", „Lui mami nu îi place când tu..." sau „Joey nu are voie să..."

Mai există și abordarea vagă: „Nu se plesnesc oamenii peste față", „Nu se aleargă pe stradă".

Sau pluralul seniorial: „Noi nu aruncăm mâncarea" (în timp ce copiii noștri atât de intuitivi se gândesc: *Ei bine, unii dintre noi nu aruncă*).

Personal, nu mi se par potrivite nici formulări precum „Scumpo (sau drăguțo, păpușă), nu lovi cățelul".

Când e vorba de stabilirea limitelor, asemenea cuvinte de alint îmi sună fals și superior, mai ales dacă adultul este enervat în timp ce simulează calmul și afecțiunea.

Expresii ca „Nu-ți dau voie" („Nu pot să-ți dau voie" sau „Nu vreau ca tu să...") ne conectează într-o clipă cu copiii și le fac clare așteptările noastre. Aceasta este legătura de care au nevoie copiii noștri în primul rând atunci când nu se poartă cum trebuie. Copiii mici au nevoie de un răspuns direct și respectuos și chiar îl merită. Putem alerga împreună prin iarbă după ce a trecut momentul dificil.

2. Recunoașteți și empatizați. Copiii au nevoie să le fie recunoscute punctele de vedere și emoțiile atunci când stabilim limite. De obicei, este cel mai bine să empatizați după ce ați stabilit limita („Nu-ți dau voie"). Dar empatia înseamnă înțelegere și sprijin, nu să ne scufundăm împreună cu vasul care ia apă. Cu alte cuvinte, recunoașteți cu voce tare („Ești supărat că nu mai primești alt biscuit"), dar nu vă supărați sau nu vă descurajați atunci când copilul are o reacție emoțională la limita pe care i-ați impus-o. Acel nivel de conectare nu este unul sănătos nici pentru părinte, nici pentru copil. Ne consumă și ne întunecă perspectiva, îngreunând îndrumarea eficientă, iar copilul nostru este lipsit de ancora puternică de care are nevoie.

Nevoi neîmplinite

În jurul vârstei de un an şi jumătate, cei mai mulţi copii sunt deja pe deplin conştienţi de multe lucruri pe care noi nu dorim ca ei să le facă. Atunci, de ce le fac? Sunt multe posibilităţi la care ne putem gândi, dar numai *după ce* satisfacem nevoia cea mai presantă a copilului nostru în momentele în care se comportă nedorit. Dacă ezităm să impunem cu convingere o limită pentru că încercăm să ne dăm seama ce anume determină comportamentul nedorit al copilului nostru, acesta rămâne cu un mesaj vag, şovăielnic şi neconcludent în locul unui ajutor real.

Cel mai adesea, atunci când își fac de cap, copiii au nevoie de atenţia noastră, începând cu un tip foarte specific de atenţie – recunoaşterea blândă, dar fermă, a comportamentului lor şi a aşteptărilor noastre.

Spiritul de joacă

Oricine mă cunoaşte poate să spună că sunt o persoană şi o mamă jucăuşă şi veselă. Îmi plac spiritul de joacă real şi spontan şi glumele pe care le fac cu copiii atunci când am încredere în abilităţile mele de lider. Este minunat să fii jucăuş atunci când ai chef de asta şi e o atitudine care încurajează cooperarea pentru strânsul jucăriilor sau pentru spălatul pe dinţi. Dar nu recomand să fiţi jucăuşi când stabiliţi limite dacă asta înlocuieşte (sau ocoleşte) răspunsul conectat, onest şi clar de care au nevoie copiii.

Cred, de asemenea, că a-i sfătui pe părinți să fie jucăuşi pune asupra lor şi mai multă presiune pentru a-i menţine fericiţi pe copii în orice moment, lucru pe care l-am adopta majoritatea dacă l-am crede posibil sau sănătos ori dacă am considera că asta e calea spre adevărata fericire. Dar să zâmbeşti tot timpul nu înseamnă viaţă adevărată, nici relaţie adevărată. Copiii noştri înţeleg asta şi le merită pe amândouă.

28.

Educarea unui copil încăpățânat

După ani în care i-am observat pe copiii mici, i-am îndrumat pe părinți și am fost destul de conștientă de propriul meu proces de învățare, am început să fiu din ce în ce mai fascinată de felul în care învățăm noi, oamenii. Mi se pare paradoxal faptul că ni se pot oferi informații sau idei utile, chiar în mod repetat, și totuși, din nu se știe ce motiv, acestea nu rezonează în noi suficient cât să le punem în practică. Dar dăm apoi peste același conținut ambalat puțin diferit, într-o altă circumstanță sau într-un alt moment, și ne frapează dintr-odată, ca o revelație.

Juliet este o mămică iubitoare, implicată, cu care am discutat de câteva ori. Mi-a permis să vă împărtășesc scrisoarea ei în care descrie un moment crucial în exercitarea autorității blânde cu fiica ei încăpățânată, Cleo:

În ultimele aproximativ patru luni, mă simțeam destul de epuizată și îmi era foarte greu. După cum știi, Cleo este un copil deosebit de puternic. Atât de puternic, încât numai rareori o văd pierzând lupta pentru o jucărie, chiar cu copii mai mari. Este un copil foarte încăpățânat, dar și puternic din punct de vedere fizic.

Admir atât de mult asta la ea și simt că trebuie să o protejez, pentru că, pe când eram copil, am învățat să-mi las deoparte forța pentru a mă asigura că toată lumea din jurul meu se simțea bine și era fericită. Mi-a luat ani întregi să învăț să-mi apăr poziția și să nu mai fiu atât de exagerat de preocupată de restul lumii. Evident, m-am ales cu o fetiță care mă face să învăț asta și mai profund.

Pe măsură ce Cleo a crescut (împlinește doi ani în iulie), hotărârea și voința ei nu au făcut decât să sporească și, deși îmi închipuiam că sunt fermă, de fapt, nu eram. Nu am ezitat niciodată în privința limitelor, dar m-am întărit pentru reacția ei într-un fel care nu m-a ajutat. Uneori, în momente în care trebuia să o duc în brațe atunci când nu voia să fie dusă în brațe, se împotrivea atât de tare încât trebuia să-mi folosesc toată forța fizică și resursele ca să o pot face și eficient, și cu blândețe. Am observat că mă simțeam înfrântă de reacțiile ei și că ajungeam uneori să-mi spun înciudată în sinea mea: „Doamne, copilă, nu poți să fii și tu un pic mai ascultătoare?".

Ceea ce înțeleg acum este că ea simțea ezitarea mea și probabil se simțea prea puternică, îngrijorată că mama ei nu avea suficientă forță să-i facă față.

După ce am citit articolul tău despre cronometre (Capitolul 11), *ceva s-a modificat în mine și lucrurile s-au schimbat complet. Am înţeles că sunt suficient de puternică să fac faţă reacţiilor ei şi că nu trebuie să le las să mă afecteze... Pot să o ascult cu atenţie şi pot să fac ceea ce spun ferm şi cu blândeţe şi să o îndrum acolo unde trebuie să ajungă. Cu această schimbare de percepţie, nu mă mai simt epuizată la finalul zilei şi simt o fericire ca mamă pe care rareori am simţit-o.*

Amuzant e faptul că totul se petrece în interior. La exterior, acţiunile mele arată în general la fel, dar schimbarea din interior a făcut să-i fie mult mai uşor lui Cleo să coopereze şi mie să pot fi cu adevărat alături de ea.

Cleo pare mai fericită, are mai puţină nevoie să testeze limitele. În copilăria mea, ştiu că în jurul acestei vârste am suferit o mare traumă legată de faptul că mi-am pierdut controlul şi am învăţat să mă tem de mama mea, care nu-mi putea stăpâni puterea. Aşa că a trece prin această perioadă cu Cleo într-un fel care mi se pare atât de autentic respectuos şi faţă de mine, şi faţă de ea este darul cel mai mare pe care mi-l pot imagina.

A-ţi creşte copilul într-un mod atât de conştient poate însemna a-ţi pierde calea şi a ţi-o regăsi. Îţi mulţumesc pentru îndrumare.

Toate cele bune,

Juliet

29.

Când respectul se transformă în răsfăț

Dragă Janet,

Ca psiholog specializat în dezvoltare și profesor universitar, ador blogul tău. Faci o treabă foarte bună oferind părinților o abordare a dezvoltării copilului acceptată de multe persoane din comunitatea academică (cel puțin în domeniul meu de cercetare).

O problemă care mă preocupă în ultimul timp este cum să decidem care sunt așteptările potrivite pentru un copil de o anumită vârstă. Fiul meu se apropie de doi ani și vreau să mă pregătesc pentru ceea ce va urma. Așadar, tu cum determini așteptările adecvate pentru un copil de o anumită vârstă?

De exemplu, am avut de curând în vizită niște prieteni cu fiica lor în vârstă de trei ani. La plecare, ea a hotărât că voia să meargă până la mașină încălțată cu pantofii mamei ei, ceea ce însemna că ar fi durat mult mai mult și că risca să se împiedice. Care ar fi fost reacția potrivită în situația respectivă?

Într-o altă ieşire recentă, băieţelul de doi ani al unei prietene a început să se dea cu capul de podea, făcând o criză de nervi. Cum ar fi trebuit să reacţioneze ea?

Mulţumesc,

Michelle

Bună, Michelle,

Îţi mulţumesc pentru scrisoare şi întrebări. Chiar m-ai pus pe gânduri. Iniţial, singurul element comun pe care l-am văzut în cele două exemple pe care mi le-ai dat a fost nevoia copilului de un părinte calm. „Aşteptările adecvate" m-au derutat puţin, până când am înţeles că întrebai, de fapt, despre „*comportamentul* adecvat", ceea ce este un pic diferit.

Cum ştim ce să permitem şi ce nu? Care sunt adevăratele nevoi ale copiilor noştri? Iată câteva îndrumări pe care le-am scris pornind de la exemplele tale.

Spuneţi „DA"

Spuneţi „da" emoţiilor. Mereu. Copiii au nevoie de libertate ca să-şi exprime emoţiile cele mai profunde, intense, ciudate, revoltătoare sau aparent nepotrivite.

Emoţiile sunt profund conectate cu „sinele", aşa că, începând de la naştere, copiii noştri au nevoie să ştie că le vom auzi şi accepta răbdători toate emoţiile şi că vom face tot ce ne stă în puteri să le înţelegem.

Provocarea este să nu înăbuşim emoţiile copiilor (prin distragerea atenţiei, pedepse sau alte reacţii care le invalidează) şi, de asemenea, să nu lăsăm izbucnirile lor emoţionale să aibă un impact prea mare asupra noastră – să ne auzim şi să ne sprijinim copilul fără a-i absorbi stările.

Am descoperit că e util să-mi reamintesc faptul că nu putem controla emoţiile unei alte persoane. Putem influenţa numai libertatea pe care o simte copilul nostru să şi le exprime. Încurajarea exprimării emoţiilor şi recunoaşterea lor reprezintă cheia către sănătatea emoţională şi preţuirea de sine a copilului nostru.

Copiii mici fac crize de nervi pentru că ating un punct sensibil şi au nevoie să-şi elibereze emoţiile intense pe care nu le pot controla. Copilul care se lasă să cadă pe podea şi se loveşte cu capul de ea cu furie sau frustrare are nevoie de un părinte calm, înţelegător, care să-i permită să-şi exprime pe deplin aceste emoţii – nu să-l pedepsească sau să-l consoleze ca să-i aline criza.

Criza de nervi trebuie să-şi urmeze cursul ca să reprezinte o eliberare eficientă pentru copil. Apoi, acceptăm situaţia şi oferim îmbrăţişări. „Vai, ai fost atât de supărat că ţi-am spus că nu mai ai voie să iei încă o bucată din tortul acela delicios. Chiar mai voiai."

Dacă datul cu capul de podea devine un obicei frecvent, cu siguranţă trebuie consultat un specialist, dar un copil obişnuit nu se va răni pe sine în mod deliberat. O atitudine de calm şi acceptare, în timp ce strecurăm o pernă sub capul copilului („Pun asta aici ca să nu te loveşti"), este cel mai bun răspuns. Dacă ne isterizăm, pedepsim copilul sau ne agităm (cu alte cuvinte, lăsăm comportamentul lui să ne destabilizeze), copilul s-ar putea să-l repete în mod conştient.

Spuneţi „da" explorărilor sigure, jocului pe care-l aleg ei. Pentru copiii mici, jocul, explorarea şi experimentarea trebuie să vină predominant din partea lor. Alegerile copiilor noştri ne vor surprinde şi nu vor arăta întotdeauna ca o joacă, aşa cum am percepe-o noi. Facilitarea şi observarea jocului ales de ei este una dintre cele mai mari bucurii ale timpului petrecut cu bebeluşii şi copiii mici. Şi pentru copiii noştri această libertate este o nevoie esenţială (şi îi ajută să accepte mai uşor limitele stabilite de noi). În mod ideal, noi punem la dispoziţie oportunităţile şi materialele şi îi lăsăm pe copii să preia iniţiativa.

Nu văd absolut nici o problemă în a le permite copiilor să se joace încălţându-se cu pantofii mamei dacă pe mamă nu o deranjează. Dar, aşa cum voi explica mai jos, a înţelege nevoia de explorare a copilului nostru nu înseamnă că trebuie să-i permitem să facă acest lucru în afara locurilor pe care le considerăm noi sigure sau potrivite.

Oferiţi graniţe

Oferiţi graniţe pentru siguranţă. Asta înseamnă să fim atenţi atunci când copilul se dă cu capul de podea, o fază care este, probabil, involuntară şi temporară (dacă ne păstrăm calmul, probabil că aşa va rămâne). Purtatul pantofilor mamei până la maşină este un risc care nu e necesar unui proces sănătos de explorare. Adevărata dorinţă sau nevoie pe care o exprimă acest copil, în opinia mea, este alinarea oferită de autoritatea şi limitele impuse de părinte.

Oferiţi graniţe atunci când copilul testează. Văd cererea fetiţei de a merge la maşină încălţată cu pantofii mamei drept o încercare de a-i testa pe adulţi. Iar dacă fetiţa învinge, tot ea e cea care pierde. În secret, cred că speră că mamei îi pasă suficient de ea cât să spună „Nu". Pare a fi o fetiţă puternică şi inteligentă, probabil foarte capabilă să ajungă la maşină în pantofi cu tocuri dacă i s-ar permite asta. Dar apoi ar urma, probabil, o altă testare a limitelor.

În loc să vă angajaţi în confruntări, vă sfătuiesc să vă ridicaţi deasupra lor stabilind cu calm şi afecţiune limita: „Ştiu că vrei să mergi cu pantofii mei şi asta poţi face în siguranţă acasă, dar nu acum. Vrei pantofii tăi sau mergi desculţă?". Fie va accepta asta cu demnitate, fie se va opune şi va elibera o parte din emoţiile care clocotesc în ea.

Oferiţi limite în timpul tranziţiilor. Copiii mici au dificultăţi în perioadele de tranziţie, ceea ce înseamnă că au nevoie de confortul oferit de mai multă îndrumare şi mai puţine alegeri proprii decât cele pe care le fac în orele de joacă. Încă au nevoie de oportunităţi pentru autonomie, cum ar fi să aleagă dacă să se încalţe sau nu cu pantofii *lor* până la maşină (dacă există această opţiune) sau să decidă între „Vrei să mergi pe jos sau să te duc în braţe?". Dar a le da libertatea de a face pe toată lumea să aştepte în timp ce explorează mersul „aşa cum merge mami" înseamnă a le acorda un nivel de putere inconfortabil pentru ei.

Factorul enervare

Parenting-ul reprezintă dezvoltarea unei relaţii extrem de importante, model pentru toate relaţiile viitoare ale copilului nostru. Din moment ce e nevoie de doi pentru o relaţie, nevoile şi sentimentele noastre sunt la fel de importante ca ale copilului nostru. Da, ca părinţi facem multe sacrificii, dar, în cele din urmă, relaţia trebuie să funcţioneze pentru ambele părţi.

De vreme ce noi suntem adulţii care deţin autoritatea, suntem singurii capabili să protejăm relaţia de resentimente, lipsa de sinceritate, lipsa de încredere şi neplăcere. De aceea cred în stabilirea de limite pentru a preveni factorul enervare. Ceea ce înseamnă ca, oricând e posibil, să nu le dăm copiilor noștri libertatea de a ne irita cu purtarea lor. (Da, exprimările emoției pot fi foarte enervante, dar acestea nu se pun la socoteală, pentru că nu putem și nu trebuie să le controlăm.)

Dacă nu dorim ca fiica noastră să se joace cu pantofii noștri, nu cred că ar trebui să-i dăm voie și, în loc să ne simțim vinovate, ar trebui să ne simțim bine pentru că avem grijă de noi înșine și punem relația cu copilul pe primul plan.

Copilului nostru îi este mai ușor să nu ne irite dacă nu are acces la obiectele interzise. Este unul dintre numeroasele motive pentru care spațiile de joacă închise, sigure sunt nepreţuite. Acestea le dau copiilor libertatea de a-și împlini nevoia sănătoasă, instinctivă de a explora fără a fi supărători pentru noi și fără a auzi un „Nu" (pe care au tendința să nu-l asculte) la fiecare câteva minute. E treaba unui bebeluș să umble peste tot, iar atunci când trebuie să spunem constant: „Încetează!" sau „Nu te duce acolo" începem să ne enervăm.

De asemenea, atunci când calmăm copiii permițându-le să facă lucruri pe care *chiar* nu dorim să le facă, ajungem să fim gata să explodăm, iar acest lucru poate fi periculos.

Oare vrem ca micuții noștri să crească având credința că sunt niște persoane enervante, neplăcute... și, foarte posibil, să devină exact așa?

„E de ajutor să fii foarte bine acordat la ritmul tău interior – să știi care-ți sunt nevoile și să le comunici celor din familia ta pentru ca ei să poată învăța să ți le respecte. Sacrificarea constantă a nevoilor tale în favoarea copilului poate crea furie înăuntrul amândurora."

(Magda Gerber, *Dear Parent: Caring for Infants with Respect*)

Sper că te-am lămurit cât de cât.
Cu căldură,
Janet

30.

Educarea fără vinovăție (poveste de succes)

Părinţii ezită adesea să le impună limite copiilor lor, pentru că preferă să nu aibă de-a face cu împotrivirea şi reacţiile negative. Nu ne simţim bine când copiii noştri sunt nefericiţi şi este chiar mai rău când noi suntem răspunzători pentru asta. S-ar putea să ne simţim vinovaţi, să ne facem probleme că dezamăgirea sau furia copiilor noştri vor dura sau să ne temem că se vor simţi neiubiţi ori vor înceta să ne iubească pentru că nu i-am lăsat să facă aşa cum doreau.

Nimic nu e mai departe de realitate.

Oferirea limitelor cu sinceritate şi respect este calea cea mai eficientă de a asigura siguranţa emoţională care îi va ajuta pe copiii noştri să se simtă fericiţi şi liberi.

Sunt încântată când primesc feedback pozitiv de la cititori care folosesc cu succes principiile RIE. În acest e-mail de la Stephanie, ea ne împărtăşeşte o experienţă care ilustrează extraordinar trei ingrediente esenţiale pentru educarea reuşită, respectuoasă.

1. Comunicăm respectuos. Vorbim direct şi sincer chiar şi cu nou-născuţii în loc să apelăm la distragerea atenţiei, manipulare, trucuri, linguşiri sau alte tipuri de reacţii deconectate, lipsite de onestitate.

2. Stabilim din timp limitele. Ne conştientizăm enervarea înainte ca aceasta să se transforme în frustrare sau furie şi realizăm că reprezintă un semnal că trebuie să fixăm o limită. De vreme ce ştim că este nedrept să permitem sentimentelor noastre negative să ne prejudicieze relaţia cu micuţul nostru, e bine să înţelegem că aceste limite sunt pozitive şi izvorâte din dragoste.

3. Facem ceea ce spunem. Recunoaştem că indicaţiile noastre verbale şi cererile formulate sunt adesea insuficiente, chiar atunci când copiii noştri le înţeleg pe deplin. Aşa că ne asigurăm copiii că îi vom „ajuta" făcând ceea ce spunem cu acţiuni blânde, dar insistente.

Povestea lui Stephanie

Am dorit să-ţi scriu ca să-ţi povestesc despre interacţiunea pe care am avut-o aseară cu fiica mea în vârstă de doi ani. Venisem de la serviciu şi, în timp ce stăteam de vorbă cu soţul meu, ea a început să arunce pe podea hainele curate din coşul de rufe. La început, nu am avut de gând să stabilesc o limită, pentru că nu era cu adevărat o problemă de siguranță, dar apoi am simțit că încep să mă enervez, așa că m-am hotărât că ar fi mai bine să o opresc să mai târască hainele curate prin praful de pe jos.

M-am lăsat pe vine la nivelul ei și i-am spus: „Nu-ți dau voie să târăști hainele pe jos. Nu vreau să fiu nevoită să le spăl din nou". I-am luat cu blândețe hainele din mână, iar ea a încercat să le înșface. I-am dat ușor mâinile la o parte și i-am spus: „Nu te las să mi le iei. Le duc de aici". A plâns cam zece secunde, apoi a continuat să se joace cu bucătăria de jucărie.

Oricât de mult cred în parenting*-ul făcut cu respect, dintr-un motiv sau altul, încă mă uimește când am o asemenea interacțiune. Comunicarea pare pur și simplu lipsită de efort și autentică și ador liniștea pe care mi-o aduce în casă.*

Nu după mult timp – iar aceasta este partea cea mai bună –, Genevieve a venit lângă mine și m-a îmbrățișat. Apoi mi-a spus cel mai încântător lucru: „Sunt atât de fericită. Sunt atât de fericită, mami!". Și vorbea serios.

Limitele ne ajută copiii să se simtă fericiți și în siguranță. Îți mulțumesc pentru tot ajutorul tău în a-i îndruma pe părinți să le fixeze cu dragoste.

Multe mulțumiri lui Stephanie și Genevieve pentru că mi-ați permis să împărtășesc experiența voastră ce poate inspira și alți părinți!

31.

Parenting-ul respectuos nu înseamnă parenting pasiv

În *parenting*, unul dintre aspectele cel mai frecvent înţelese greşit este şi cel mai important: trebuie să le oferim copiilor limitele de care aceştia au nevoie ca să se simtă în siguranţă.

Mi s-a reamintit (încă o dată) cât de derutantă poate fi această chestiune pentru noi toţi atunci când am primit de la o cititoare acest e-mail, ca reacţie la un articol despre lovit:

Ca atâţia alţii, mă lupt zi de zi cu această problemă. Simt că un ton normal e calea corectă. Dar poate fi dificil să rămâi vizibil netulburată atunci când e de faţă bunica sau altcineva care strigă la copil: „Nu mai da aşa în mama ta!“.

Un aspect care continuă să reprezinte o problemă pentru mine este abordarea de tip „Nu-ţi dau voie să...“ Fiul meu de doi ani e mare pentru vârsta lui şi destul de puternic. E dificil pentru o femeie micuţă ca mine să îi ţin mâinile sau picioarele. Mi-e chiar mai greu atunci când încerc abordarea menţionată de tine: „Poţi să vii singur în casă sau ai nevoie de ajutorul meu?".

Dacă cel mic nu te lasă să-l iei în braţe, loveşte, muşcă, dă din picioare, şi nici nu-l poţi lăsa acolo, ce e de făcut?

Sara

Netulburat, *calm* şi *ton normal* sunt cuvinte pe care le folosesc adesea ca să-i ajut pe părinţi să înţeleagă că reacţiile intense la comportamentul copiilor lor au tendinţa de a înrăutăţi situaţia. Copiii noştri au nevoie să ştie că părinţii sau cei care-i au în grijă nu sunt tulburaţi de micile lor fapte nepotrivite, ca să poată fi siguri că sunt bine îngrijiţi şi că nu sunt mai puternici decât liderii de care depind.

Un copil de doi sau trei ani nu se poate simţi în siguranţă atunci când comportamentul lui de testare a limitelor îi provoacă frică sau furie unui adult.

Aşadar, comentariul Sarei a fost puţin derutant pentru mine până când mi-am dat seama că aceste cuvinte – *netulburată* şi *ton normal* (şi chiar *respect*) – pot fi cu uşurinţă înţelese greşit. Părintele poate să dea dovadă de pasivitate, în loc să manifeste o autoritate plină de încredere. Acest lucru mi-a amintit că pasivitatea este unul dintre cele mai obişnuite EŞECURI în ceea ce priveşte educarea.

Iată ce i-am răspuns:

Sara,

Dacă bunica micuţilor mei ar fi strigat „Nu o mai lovi pe mama ta!“, aş fi fost de acord cu ea: „Nu mă mai lovi! N-am să-ţi permit să faci asta“. Reacţia nu ar fi venit din furie. Ar fi fost fermă, izvorând din convingerea că îmi ajut copilul. Crezi că e posibil să confunzi *netulburată* şi *ton normal* cu *pasivă* şi *timidă*? Mi se pare că fiul tău are nevoie de mai multe asigurări şi de o autoritate mai încrezătoare din partea ta.

Spui că băiatul tău este destul de puternic, dar tu eşti mai puternică, nu-i aşa? Poate fi deconcertant şi chiar înspăimântător pentru copiii mici să simtă că părinţii lor nu-i pot stăpâni fizic. Mi-e greu să-mi dau seama ce sfaturi aş putea să-ți dau pe baza puținelor informaţii din e-mailul tău, dar comportamentul băieţelului tău indică faptul că nu primeşte răspunsurile ferme, liniştitoare şi utile de care are nevoie.

În locul tău, m-aş asigura că îl pregătesc pe băieţel pentru tranziţii şi că îi vorbesc cu respect şi sinceritate.

Există două abordări greşite, la extreme opuse, ale educării unui copil mic. Una este cea exagerat de strictă, punitivă şi lipsită de empatie. Implică menţinerea controlului prin disciplinare represivă şi alte tactici de manipulare. Copilul este perceput ca „rău“ din naştere, necontrolabil, având nevoie să fie educat prin inducerea fricii şi a ruşinii. Respectul este *pretins,* în loc să fie ceva pe care putem avea încredere că ni-l vor oferi la rândul lor copiii noştri atunci când sunt trataţi cu respect încă de când vin pe lume.

La cealaltă extremă se află părinţii care sunt reticenţi să se angajeze în conflicte şi care ar face aproape orice ca să evite dezaprobarea copilului lor. Aceşti părinţi speră că limitele vor fi acceptate de copilul lor mic, aşa că le fixează cu timiditate, uşor, poate chiar pe un ton şovăitor care sugerează întrebarea: „O să fii de acord cu asta?".

Poate că aceşti părinţi se identifică prea mult cu emoţiile copilului, iar instinctul lor le spune să facă tot ce le stă în putere ca „lucrurile să meargă bine" şi cel mic să fie fericit. Gândul părintelui poate fi: *De ce să nu evit o izbucnire emoţională oricând e posibil?* Mama argumentează: *Voiam să mă duc la baie singură de data asta, dar nu am cu adevărat* nevoie; sau: *Probabil că este în regulă să întârziem aşteptând-o pe Alice să se hotărască dacă e gata să se aşeze în scaunul auto. Nu o pot sili.*

Există o lipsă de recunoaştere a nevoii sănătoase pe care o au copiii mici să-şi exprime voinţa în plină dezvoltare opunând rezistenţă la *orice* ar dori părintele, ca şi a nevoii lor de a se elibera de emoţiile intense.

Probabil că aceşti părinţi sunt îngrijoraţi că spiritul copilului lor va fi strivit sau că micuţul va înceta să îi iubească şi să aibă încredere în ei dacă există conflicte. Îşi linguşesc ori îşi distrag copilul ca să se comporte aşa cum îşi doresc ei (sau să nu se mai comporte aşa cum nu-şi doresc) în loc să rişte să fie „personajul negativ" care spune „Nu".

„În esenţă, cei mai mulţi părinţi se tem să-şi educe copiii pentru că se tem de luptele pentru putere. Se tem să nu îi copleşească pe copii cu puterea lor, se tem că le vor distruge liberul-arbitru şi personalitatea. Aceasta este o atitudine eronată." (Magda Gerber)

Părinţii pasivi oferă adeseori prea multe alternative, analizează prea mult sau răspund ambiguu atunci când copiii au nevoie de o intervenţie hotărâtă şi onestă. În cazuri extreme, când copilul îşi loveşte un prieten de aceeaşi vârstă, părintele poate întreba: „A fost asta o alegere bună?". Greu de crezut, dar cunosc pe cineva care a asistat la o asemenea situaţie.

Fiecare lacrimă vărsată de copil ajunge direct în inima părintelui sensibil. Dar indiferent cât de afectuoşi ar fi aceşti părinţi, copilul continuă să testeze limitele. Trebuie să facă asta pentru că încă nu a primit ajutorul de care are nevoie.

„Sub nici o formă copiii prea răsfăţaţi nu vor fi fericiţi, pentru că primesc doar rareori răspunsuri directe şi oneste din partea părinţilor lor. Când îi spui «Nu», trebuie să vorbeşti serios. Lasă-ţi figura şi postura să reflecte şi ele acel «Nu»." (Magda Gerber)

Aceşti copii pot părea derutaţi şi stingheri în majoritatea timpului. Pot apărea multe pretenţii, plânsete şi scâncete în locul unor reacţii sănătoase de adaptare, ceea ce îl poate scoate din sărite până şi pe cel mai bun, blând şi iubitor părinte. „Cum poate copilul nostru să continue să ne enerveze când suntem atât de afectuoşi, blânzi şi respectuoşi?“ Dar comportamentul copilului nu este *în ciuda* eforturilor părintelui de a-l mulţumi sau a atitudinii blânde şi paşnice a acestuia. Este *din cauza* acestor lucruri.

> *„Un obiectiv pozitiv ce trebuie urmărit în procesul de educare ar fi să creştem copii pe care nu doar să-i iubim, ci în a căror companie ne face plăcere să fim.“*
>
> (Magda Gerber)

Şi acum, ghiciţi: cu care dintre cele două tipuri de părinţi am avut cel mai mult de-a face la cursurile mele?

Asta se poate datora faptului că principii de tipul „Ai încredere în copil“ recomandate de RIE îi pot deruta pe părinţi în privinţa rolului lor. Părinţii sunt încurajaţi să-şi respecte copiii, să-şi asume rolul de lideri şi să aibă încredere că micuţii îşi vor dezvolta abilităţile în mod natural, conform programului lor înnăscut.

În calitate de persoane care facilitează aceste aspecte ale dezvoltării copilului nostru, mai degrabă decât în calitate de îndrumători, învăţăm să observăm. Învăţăm să îi respectăm autonomia. Dar acest lucru nu trebuie confundat cu pasivitatea. Este *atenţie*.

32.

Educarea blândă în acțiune

„Distragerea atenţiei nu l-a păcălit. Trimisul în camera lui și recompensele nu l-au motivat."

Aceasta este povestea unui copil mic, inteligent şi vioi, cu părinţi excepţional de iubitori care simţeau că familia lor „scăpa de sub control". Tot ceea ce le trebuia, de fapt, erau câteva unelte simple care să-i ajute să înţeleagă cum să comunice cu fiul lor şi să fixeze limitele cu respect.

Acestea sunt practicile care au schimbat totul pentru această familie:

1. Comunicarea respectuoasă, sinceră, la persoana întâi.
2. Recunoaşterea dorinţelor şi a emoţiilor.
3. Menţinerea instrucţiunilor directe şi concise.
4. Un ton încrezător, normal, afirmativ.
5. Trecerea cu blândeţe la fapte. De exemplu, trebuie să îl prindem pe copil de mâini (sau de picioare) atunci când loveşte, în timp ce îi spunem „Nu-ţi dau voie".

Dacă nu facem ceea ce spunem, copiii vor înceta să ne mai ia în serios indicaţiile.

6. Limitarea accesului la televizor, smartphone, iPad şi la jucăriile care-i pot suprastimula pe copii.

7. Încrederea în abilitatea copilului de a participa activ la găsirea soluţiilor.

Am primit de la Christine o scrisoare foarte precisă, intuitivă şi care mi-a produs multă mulţumire.

Dragă Janet,

Am dat peste blogul tău acum zece zile şi mi-a schimbat viaţa cu adevărat. O prietenă de pe Facebook a distribuit articolul „Ce crede copilul tău mic despre educare" şi ceea ce am citit mi-a produs o revelaţie. Mi-am petrecut următoarele două zile citindu-ţi textele – cât de mult am putut, oricând am putut. Cred că am ajuns până la articolele scrise în 2010.

Fiul meu, Nicky, are aproape trei ani. Încă de la naştere s-a dezvoltat mai încet decât alţi copii. Face totul normal, dar există tendinţa ca asta să se întâmple ceva mai târziu faţă de alţi copii. L-am dus la doctori şi la specialişti şi e complet sănătos. Doar că funcţionează în ritmul lui.

A avut dintotdeauna un temperament foarte puternic şi iute, un atu, dar şi un dezavantaj, moştenite de la mine. De vreme ce vorbirea lui nu s-a dezvoltat la timp, a găsit metode pentru a-şi elibera frustrarea de a fi mereu înţeles greșit sau chiar, îmi pare rău s-o spun, ignorat. A fost un cerc vicios. Cu cât frustrările îi erau mai puțin recunoscute, cu atât comportamentul lui se înrăutățea. Cu cât se înrăutățea comportamentul lui, cu atât îl pedepseam eu mai mult, iar tatăl lui devenea mai permisiv.

Acum două săptămâni, soțul meu și cu mine plângeam așezați la masa din bucătărie, nemulțumiți de cum am ajuns și de felul în care familia noastră își pierdea controlul.

Căutasem ajutor și înainte, dar nimic nu mi se păruse potrivit. Distragerea atenției nu l-a păcălit. Trimisul în camera lui și recompensele nu l-au motivat. Cele mai multe sfaturi pe care le-am găsit cu privire la copiii de vârsta lui presupuneau un nivel de dezvoltare al limbajului pe care el nu-l are încă. Toate sfaturile cu privire la întârzierile de limbaj erau concepute pentru copii cu nevoi speciale. A fost o ușurare atât de mare să descopăr blogul tău și RIE.

În sfârșit, o metodă de comunicare cu persoana completă din interiorul copilului meu aflat în stadiul pre-limbaj.

Când ți-am citit blogul, primul lucru pe care l-am realizat a fost cât de derutant putea fi limbajul pe care îl foloseam cu fiul meu. Exprimam totul sub formă de întrebare și vorbeam la persoana a treia. Spuneam lucruri cum ar fi: „Fără lovituri, OK?" sau „Mama a spus că e de ajuns cu săritul pe canapea". Am fost cu adevărat surprinsă când copilul meu a cooperat după ce i-am spus simplu: „Nu-ți dau voie să faci asta" sau „Iau acum asta de aici".

Am văzut rezultate după o singură schimbare și am fost cucerită. Am început să îi recunosc dorințele și să-i vorbesc la persoana întâi. Am început să dau nume emoțiilor negative pe care le simțea. Am început să-l apuc de mâini sau de picioare atunci când încerca să lovească, să dea cu pumnul, să arunce și să izbească, spunându-i cu blândețe: „Nu-ți dau voie să faci asta". Am început să mă așez în apropiere și să rămân în general tăcută atunci când el țipa cât îl țineau plămânii și să fiu doar prezentă și disponibilă pentru furia lui. Am mers prin casă și am scos două duzini de baterii de la jucăriile pe care le-a primit cadou recent. Nu s-a uitat niciodată la televizor, dar obișnuia să se joace cu iPad-ul. Am încetat să i-l mai dau.

Sunt doar zece zile de atunci și totuși simt că a trecut o viață de când soțul meu și cu mine plângeam la masa din bucătărie. Fiul nostru e mai puțin furios și mai cooperant. E mai fericit și mai interesat de lumea din jurul lui. Și chiar vorbește mai mult, îmi spune acum „înțeleg" atunci când înțelege lucruri și „trist" când e supărat.

Soțul meu a observat în ultimul timp că venea seara acasă la o familie mai fericită și m-a rugat să îl învăț ceea ce am descoperit. Nu se mai teme acum de emoțiile puternice ale fiului nostru și a învățat să stabilească limite, recunoscându-i în același timp emoțiile lui Nicky.

Cred că momentul care definește cel mai bine felul în care metodele tale au funcționat pentru noi a avut loc vineri seară. Eu foloseam laptopul și Nicky a vrut să mi se urce în brațe. Ca de obicei, a vrut să dea cu piciorul în laptop. Folosind ceea ce am învățat, i-am prins piciorul înainte de a apuca să atingă laptopul. I-am spus: „Vrei să-mi lovești laptopul, dar n-o să te las să faci asta. Știu că e supărător atunci când tu vrei să faci ceva și eu nu-ți dau voie".

Am trecut prin asta de câteva ori, apoi Nicky și-a retras piciorul, l-a întins din nou foarte încet, apoi l-a trecut pe deasupra laptopului meu și a spus: „Avion". Și-a plimbat piciorul înainte și înapoi fără a lovi și a continuat să-mi spună: „Avion, avion". Am zâmbit și i-am vorbit despre avionul lui care zbura pe deasupra laptopului. Nu-mi venea să cred cât de pașnic s-a rezolvat situația.

De atunci, a folosit această tactică pentru lucruri pe care nu are voie să le atingă, fluturându-și mâinile și picioarele în chip de avion în apropiere, explorând obiectul fără a-l atinge. Sunt foarte mândră de metoda lui creativă de rezolvare a problemei.

Janet, textele tale au făcut mai mult decât să-mi schimbe viața. Mi-au redat familia. Acum ne bucurăm de fiul nostru în loc să numărăm orele rămase până la culcare. Știu că mai este încă mult de lucru, dar sunt entuziasmată și plină de speranță.

Christine

Mulţumiri

Magdei Gerber, pentru că mi-ai schimbat viaţa cu înţelepciunea şi spiritul tău. Şi copiilor Magdei, Mayo, Daisy şi Bence, pentru că mă onorează în continuare cu sprijinul lor extraordinar.

Lisei Sunbury (*RegardingBaby.org*), care rămâne „jumătatea mea" online şi co-pionieră.

Tuturor asociaţilor mei, celorlalţi bloggeri şi cititorilor blogului meu. Împreună, facem diferenţa.

Familiilor de la cursurile mele, pentru încrederea, inspiraţia şi încurajările voastre. Învăţ mai multe de la voi decât învăţaţi voi de la mine.

Cititorilor care au avut amabilitatea să-mi permită să le împărtăşesc poveştile şi scrisorile. Îmi înseninaţi de fiecare dată ziua.

Lui Mike, redactorul meu devotat, editor, tatăl copiilor mei şi multe altele.

Şi lui Charlotte, Madeline şi Ben, pentru că îmi umplu inima de mândrie şi recunoştinţă. Vă mulţumesc că m-aţi învăţat ce înseamnă viaţa şi pentru că m-aţi pus pe mine şi organizaţia RIE într-o lumină incredibil de bună.

Lecturi recomandate

- *Your Self-Confident Baby*, Magda Gerber, Allison Johnson. John Wiley & Sons, Inc. (1998)
- *Dear Parent: Caring for Infants with Respect*, Magda Gerber. Resources for Infant Educarers (2002)
- *No-Drama Discipline*, Daniel J. Siegel, M.D. & Tina Payne Bryson, Ph.D. Bantam (2014)
- *1, 2, 3… The Toddler Years*, Irene van der Zande. Santa Cruz Toddler Care Center (1986)
- *Siblings without Rivalry*, Adele Faber & Elaine Mazlish. W.W. Norton & Co (2012)
- *The Emotional Life of the Toddler,* Alicia F. Lieberman, Ph.D. The Free Press (1995)
- *How To Talk So Kids Will Listen & Listen So Kids Will Talk*, Adele Faber & Elaine Mazlish, Avon Books (1980)
- *Infants, Toddlers, and Caregivers,* Janet Gonzalez-Mena, Dianne Widmeyer Eyer. Mayfield Publishing Company (1997)
- *Raising Your Spirited Child*, Mary Sheedy Kurcinka, HarperCollins (2012)

- *Say What You See For Parents and Teachers,* Sandra R. Blackard. Language of Listening (2012)

Pe internet:

- *RegardingBaby.org*
- *MagdaGerber.org*
- *TeacherTomsBlog.blogspot.com*

Cuprins